謀略と戦争を仕掛け、敗北するアメリカ

やまたつ［著］

中国の“覇権パワー”で壊される世界秩序

緊急レポート！

ビジネス社

はじめに

2021年アフガニスタンからの屈辱的な敗走、2022年ロシアのウクライナ侵攻、そして2023年イスラエル・ハマス戦争。

2021年1月20日にバイデン政権が発足して以来、世界で大きな紛争・戦争が発生し、世界秩序が崩壊していっています。

この背景には、日本の最大の同盟国アメリカの経済・軍事・政治面すべてにおいての内部崩壊があります。

バイデンインフレに国民は悩まされ、国債は膨れ上がり、米軍は深刻な人手不足で縮小し、一方で、トランプ前大統領をはじめとする保守系の人々を「国内テロリスト」と呼び、司法を武器化して自国民を徹底弾圧。まさに失敗した独裁国家です。

いまの民主党は完全に左翼に乗っ取られていますが、左翼が生き残る術は「常に敵をつくり続ける」ことです。反マスク、反ワクチン、反中絶、反LGBT、反銃規制など、ありとあらゆるトピックで国民を分断し続けた結果、国家の生産性はまったくあがらず、アメリカはゆっくりと沈没していっています。

超大国アメリカの存在感・信頼が低下しているチャンスを生かそうとしているのが、中国であり、ロシアであり、中東・アラブ地域であり、BRICS（ブラジル・ロシア・インド・中国・南アフリカ）です。

特に中国は世界2位の経済力を背景に、グローバルサウスと呼ばれる新興国を味方につけ、習近平の異例の3期目政権が決まり独裁化と暴走が止まらず、世界秩序をつくり変える中心国になっています。

「台湾有事は日本有事」という言葉が広く使われるようになったとおり、中国の台湾侵攻の危険性が高まりつつあります。従来の強いアメリカがいれば、「まぁ、なんだかんだ何も起きないでしょ」で済ませられていましたが、そうも言えないほど台湾情勢は緊迫化し、日本が巻き込まれる可能性が現実味を帯びています。

ここまで世界が変わった背景にはアメリカの衰退だけでなく、アメリカが長引かせているロシアのウクライナ侵攻があることは間違いないでしょう。

世界中でインフレ爆発の引き金になった出来事でしたが、2022年2月24日にロシアがウクライナ侵攻を開始して以来、停戦の兆しはみえません。

2022年3月～4月にかけ、和平合意が成立しそうになりましたが、それをぶち壊したのはバイデン政権だと言われています。

バイデンが大統領選挙で勝利したとき、「外交玄人のバイデンが大統領になれば、世界は平和になる」というトンチンカンな発言をしていた〝センモンカ〟もいましたが、バイデン政権こそが世界秩序を乱し、尾を引くことになる問題を積み上げまくっている諸悪の根源です。

2023年2月にユーチューブで公開されたインタビュー動画で、ネフタリ・ベネット元イスラエル首相が和平合意は「アメリカにより妨害された」可能性を示唆。10月には元ドイツ首相で和平交渉に参加していたゲアハルト・シュレーダーが「アメリカが和平を認めなかった」と、アメリカによる妨害があったことを明かしていたのです。

このような言説は〝陰謀論〟という三文字で片づけられる傾向にありますが、アメリカがロシアを疲弊させることを狙い、当事者（ウクライナ）の意向を無視した謀略を仕掛け、戦争を長引かせているかもしれないのです。そして、その謀略は巨大なブーメランとなって、自らに突き刺さることになっています。

このような当事者無視の身勝手なことをしているアメリカと距離を置くことで、グングンと存在感を増しているのが中国やＢＲＩＣＳで、世界秩序・世界のパワーバランスは変わろうとしています。どこかの国やグループがトップになるのではなく、様々な国が肩を並べる世界がやってくると考えています。

つまり、従来のアメリカに追従するだけでよかった世界ではなくなるかもしれないのです。

ロシア制裁の反動で多くの国が痛感したのが、いくつもの戦争・紛争を引き起こしてきたアメリカにつき従い続けるのはデメリットでしかないほど、各国のパワーバランスは変わってきているということです。

急成長する国が増えている中、日本は今のままで本当に良いのかを判断するためには、何となくの雰囲気ではなく、世界で何が起きているのかを把握する必要があります。

本書では、バイデン政権発足以降、その〝謀略〟まで射程に、世界で何が起き、どのような変化が起きているのか。急激に悪化する米中関係と高まる中国の台湾侵攻の可能性。アメリカは中国に対して本気で動くのか。世界のパワーバランスに変化を与えうる11カ国体制に拡大したＢＲＩＣＳのポテンシャル。そして、世界の行く末を決める２０２４年大統領選挙の展望まで紹介します。

本書が激動の世界情勢を読み解き、日本の未来を考える一助になれば幸いです。

緊急レポート!

謀略と戦争を仕掛け、敗北するアメリカ

目次

第2章
軍事大国アメリカの沈没

第3章 経済ではズブズブな米中関係

第4章 ロシア制裁が招いたBRICSの台頭

第5章　日本の未来を決める2024年大統領選挙

第1章 イスラエル戦争は第三次世界大戦の序章なのか

1 ハマスを育てたイスラエルの大誤算

ハマスの奇襲テロ攻撃

２０２３年10月７日午前６時半、武装組織ハマスがイスラエルに対する陸・海・空からの奇襲テロ攻撃を始めた。

数千発のロケット砲弾がイスラエルに降り注ぐ中、動力付きパラグライダーによる空からの侵入、スピードボートを使った地中海側からの侵入、バイク等の陸からの奇襲攻撃を１０００人以上のハマス兵が電撃的に仕掛け、イスラエルは甚大な被害を出すこととなりました。

９月29日、ジェイク・サリバン国家安全保障補佐官が「20年前と比較し、今の中東はとても落ち着いている」と発言した８日後の出来事だった。

10月８日、イスラエル基本法第40条の適用が承認され、ハマスに対する「宣戦布告」をし、野党と合同で戦時統一政府を発足させています。

このイスラエルとハマスの戦争に関して、私は全面的にイスラエルを支持するつもりはありません。理由は後述する領土問題やイスラエルのアパルトヘイト問題などを踏まえ、パレスチナの人々のことも真剣に考えるべきだと思っていて、今回の奇襲テロ攻撃を理由に水に流すのは違うと思うからです。

強調しておきたいのが、ハマスによる奇襲テロ攻撃は決して許されることではありません。パレスチナを応援している多くの人に欠けているのがコレだと思っていて、テロを賞賛するような連中の話を聞くには毛頭なりません。

イスラエルとパレスチナの戦争と言われますが、正確にはイスラエルの「シオニスト」とパレスチナの「ハマス（とそれを支援する国・勢力）」の戦争です。

シオニストとは、ユダヤ民族国家樹立を目指す「シオニズム」運動・思想を持つ人を指します。

現時点では地域紛争ですが、参戦国が増えることにより第三次世界大戦に発展することが危惧されています。

パレスチナ問題は領土問題

そもそもイスラエルとパレスチナの間にどのような問題があるのかを簡単に整理します。

キリスト教、ユダヤ教、イスラム教という、3つの宗教の聖地がある地はイスラエル・パレスチナのユダヤ人とアラブ人による領土紛争が続き、第一次世界大戦中のイギリスによる「三枚舌外交」が原因でややこしいことになり、そこに欧米の政治的思惑が絡み、手のつけようのない状態になっています。

3000年以上前、この地域にユダヤ人によるエルサレム王国が建国されましたが、度重なる侵略で崩壊、ユダヤ人は世界に散っていきました。そこに周辺に多く住んでいたアラブ人が住むようになりましたが、やがてユダヤ人が戻ってくるようになり、領土紛争が起きます。

第一次世界大戦中、イギリスは1915年アラブ人の中東独立を「フセイン=マクマホン協定」で約束、1916年にフランス・ロシアと戦後の領土割譲の秘密協定「サイクス=ピコ協定」を結び、1917年には「バルフォア宣言」で、ユダヤ人にパレスチナのユ

イスラエルとパレスチナの地図

ダヤ民族国家樹立を約束した。アラブ人には、当時戦争敵国だったオスマン帝国内部で反乱を起こさせ、フランスとは戦後のスエズ運河利権を取られないように事前に話をまとめ、ユダヤ人からは資金とアメリカでのロビー活動を狙《ねら》ってのものでした。先述の「政治的思惑」というのは、このユダヤ人の潤沢な資金、影響力のことで、特にアメリカでは今でもユダヤ系団体を意識する傾向にあります。

　戦後、英仏は秘密協定に則り中東の分割をします（ロシアは革命の影響で協定離脱）。

　アラブ人からすると、中東全域に独立国家をつくれると思っていたので不満が高まります。ユダヤ人にはパレスチナ入植を認めたわけですが、大量にやってくるユダヤ人とアラブ人の間で対立が起き、年間の受け入れ人数の制限を設けるも、ユダヤ人は無視。やがて、第二次世界大戦中のユダヤ人迫害から逃れてくる人が増えました。

戦後収拾がつかなくなったため、イギリスは国連に問題解決を丸投げ、1947年に国連が分割案を提案し、①聖地エルサレムは国際管理、②パレスチナの56・5%をユダヤ人に与え、③43・5%をアラブ人国家にするというものが決められました。

しかし、パレスチナ全人口の3分の1しかいないユダヤ人に多くの土地が与えられるもので、1948年にはイスラエルが建国されると、アラブ人の居住地が制限されることにアラブ連盟諸国が猛反発。第一次中東戦争にまで発展しましたが、英米の支援を受けるイスラエルが勝利しました。

ここまででお分かりのとおり、「パレスチナ（ハマス）が悪い」「イスラエルが悪い」という議論の前に、イギリスの身勝手な行動により複雑化した領土問題であることを忘れてはなりません。

日本はパレスチナを国家として認めていませんので「パレスチナ自治区」と呼んでいます。ヨルダン川西岸地区とガザ地区に分かれていますが、まとまっていません。パレスチナ解放機構（PLO）の政党「ファタハ」がヨルダン川西岸地区を統治し、ガザ地区をイスラム原理主義組織でムスリム同胞団から派生した反政府勢力「ハマス」が支配しています。ハマスはテロ組織に認定されていますが、パレスチナ自治区の政党です。イランやレバノンのヒズボラの支援を受け、定期的にイスラエル軍と衝突してきていました。

ハマスは単なるテロ組織ではない

信じがたいことですが、ハマスはパレスチナ議会（立法評議会）の過半数を占めています。最後に選挙があったのが2006年1月で、132議席中76議席の単独過半数を獲得し、当時の首相はハマスから選出されていました。選挙結果を見てみると、比例区での獲得議席はファタハもハマスもほぼ同じため、パレスチナ人の支持は拮抗《きっこう》していたと言えますが、大選挙区の結果で大きくハマスが議席を伸ばしていました。ファタハは候補者乱立による票の分散が起きた一方、ハマスは綿密な選挙戦略をとったことで、議席を伸ばしたのでした。

パレスチナ議会選挙は2021年5月に15年ぶりに予定されていましたが、無期限の延期が発表されています。

表向きの理由は、イスラエル政府が東エルサレムで選挙を実施することを拒否したためとされていますが、イスラエル政府はパレスチナ自治政府の主張を否定、仲介をしていた

ＥＵもパレスチナ自治政府の主張を否定しています。

カーネギー国際平和財団は２０２１年5月11日の報告で、真の理由はハマスが圧勝する可能性が高かったからだと指摘します。

３月にイスラエル公安庁トップがアッバス議長と会談し、ハマス圧勝の危険性がある分析結果を伝え、その後アッバス議長が選挙延期を決めます。つまり、イスラエルの説得で選挙が延期された可能性があるのです。

イスラエルとしては、ハマスの台頭はムスリム同胞団のような過激派の活動が活発になる懸念から防ぎたかったよう。周辺国も同意見で、たとえばエジプトはムスリム同胞団が反政府活動を続けていますし、ヨルダンもハマスの台頭を回避できたことを歓迎していたようです。

ちなみに、ハマスの母体は元々が慈善活動団体で、ハマスは政治・慈善活動・テロ活動という、３つのいびつな組み合わせの顔を持つ組織です。

イスラエルと敵対しているレバノンのテロ組織ヒズボラも、「レジスタンスへの忠誠」という議会会派で政治活動をし、２００6年から連立内閣に参加、２０１8年選挙ではレバノン議会の１２8議席中71議席を獲得しています。学校や病院の建設を行い、貧困層の支援をしていることで支持を集めていて、政治・人道支援とテロ活動をする組織なのです。

「イスラエルの9・11」

「（ハマスの奇襲テロ攻撃は）イスラエルの9・11だ」

これはイスラエル国連大使の言葉であり、イスラエル軍報道官の言葉であり、フロリダ州知事ロン・デサンティスの言葉です。他にも無限に例があるほど、多くの人々が2001年9月11日に発生した「同時多発テロ事件」と重ねていました。

イスラム過激派組織「アルカイダ」が起こしたテロ事件はイラク・アフガニスタン戦争へと続いていきましたが、10月7日のハマスによる奇襲テロ攻撃は同時多発テロ事件と3つの共通点があることが指摘されています。

共通点①：事前の諜報分析があった

9・11は事前に諜報分析があったことが知られています。航空学校の不審なアラブ系学生の存在の通報を受けたFBIが捜査を始めていましたし、諜報情報をCIAが点と点を結ぶことができなかったと非難されていましたが、ここでは意図的だったか、本当に無能だったかは横に置いておきます。10月7日のハマスの奇襲テロ攻撃も事前に諜報分析があったと報じられています。

第一報は「タイムズオブイスラエル」でした。10月9日に「エジプト諜報機関がイスラエルに「ガザ拠点のテロ組織が〝何か大きなこと〟をする危険性がある」と警告していたが、イスラエル政府はヨルダン川西岸地区にだけ専念し、ガザ地区を軽視していた」というのです。この報道の直後、イスラエル政府やネタニヤフ首相は「完全なフェイクニュース」と否定しました。

ところが、10月11日に共和党連邦下院議員で下院外交委員会委員長のマイケル・マコールが「テロ攻撃の3日前、イスラエル政府は警告を受けていた」と記者団に明らかにし、「タイムズオブイスラエル」の報道を裏付けるような発言をします。

ちなみに、ガザ地区付近で開催されていた音楽イベントで260人以上が虐殺されましたが、主催者が「ビルボード」のインタビューで「2日前に急遽《きゅうきょ》開催地が変更になった」と語っています。単なる偶然であるとは思いますが……。

さて、マコール議員の発言ですが、機密情報を扱うブリーフィングの直後の発言であり、「機密情報に深入りしすぎないようにする」と前置きをしていたため、正確な情報の可能性が高いです。

マコール議員は「特定の攻撃ではなく、一般的な脅威に関する警告だった」とし、「どのレベルまで報告がされていたかは分からない」として、ネタニヤフ首相が知らなかった可能性を示唆しています。

同日、「フィナンシャルタイムズ」はエジプト諜報関係者の話をもとに、マコール議員の発言と同じような内容を報じています。

CNNの報道で、CIAが9月28日、10月5日にそれぞれハマスに不審な動きがある諜報分析報告書をまとめていたことも分かっています。どちらの分析も「一般的な脅威」に関する報告であり、具体的な戦略や活動を指し示すものではなかったといいます。また、大統領府まで情報が上がっていなかったとも報じられていて、重要視されずに、「日常茶飯事」のように扱われていた可能性があります。

②敵対勢力を育てたのは自分たち

同時多発テロ事件を実行したアルカイダは、もとを辿《たど》ればアメリカが対ソ連のために支援した組織でしたが、イスラエルとハマスの関係も実は同じなのです。

「ウォールストリートジャーナル」が2009年1月24日、“How Israel Helped to Spawn Hamas”（イスラエルがハマスの生みの親になった理由）で、イスラエルこそがガザ地区のハマス台頭を助けたと指摘しています。

イスラエルは1970年代〜80年代、ガザ地区のイスラム主義者の活動を容認、1973年にはシーク・ヤシンらがハマスの前身組織ムジャマ・アル・イスラミヤを創設し、慈善団体として活動することを認定しました。ヤシンはエジプト発祥のイスラム原理主義「ムスリム同胞団」支持者でした。

当時のイスラエル政府関係者だったアブネル・コーエンは「1970年代に伝統的イスラム教聖職者に、「ムスリム同胞団とイスラエルが協力してはならない。20〜30年後に後悔することになる」と警告を受けたが、彼は正しかった」と振り返ります。

イスラエルの狙いは、パレスチナの内部対立でした。パレスチナで存在感を増していた、後にアラファト議長が率いる「ファタハ」とイスラム原理主義者たちを内部対立させることで、ファタハ弱体化を狙っていたのです。

結局ファタハの弱体化はできず、ハマスの勢力が大きくなることにも繋《つな》がっています。

③徹底した報復が可能な世論の形成

ハマスによる奇襲テロ攻撃で多くの民間人が犠牲になりました。SNSには数多くの残酷な写真や動画で溢《あふ》れかえり、見るに堪えないものもありました。子どもや女性が虐殺されている写真、家族を守ろうと何度撃たれようが立ち向かっていく犬、生きたまま燃やされたと思われる亡骸《なきがら》……。フェイク画像やデマもあり情報が錯綜《さくそう》していましたが、人々のハマスに対する怒りをかき立て、イスラエルの人々に対する悲しみを共有するには十分すぎるものでした。

多くの国がイスラエル支持を表明し、西側諸国で停戦を呼び掛ける国はほとんどありませんでした。10月18日にはバイデンがイスラエル首相と会談し、アメリカ議会はイスラエルを徹底支援することで一致しています。

「ハマスを殲滅《せんめつ》する」という目標を掲げ、イスラエルは徹底した報復が可能になっていて、同時多発テロ事件直後の「テロとの戦い」のときと同じ空気感なのです。

ハマスの奇襲テロ攻撃は偽旗作戦だったのか？

世界最高峰の諜報機関モサドやＣＩＡが事前察知できなかった理由は、２つの視点から別々の分析をすることができます。

「察知していたけれども、あえてハマスに攻撃をさせた」という、いわゆる偽旗作戦の疑い。もう１つが「ここまでの攻撃を仕掛けてくるとは思わなかった」です。

先述のとおり、事前にハマスによる攻撃の可能性が報告されていました。

そのような情報があったにもかかわらず、定期的にドローンで上空から監視、国境の壁に監視カメラ、イスラエル軍の監視が警戒し、ガザ地区内部に内通者も持ち、世界中の国から求められるほどのサイバー監視能力を誇るイスラエルが、ここまでの大規模な攻撃を予見できなかったのは驚きでしかありません。

ハマスの奇襲テロ攻撃は、イスラエルがガザ地区に侵攻をする口実を与えたと見ることもできます。現ネタニヤフ政権は近年で最も極端な極右政権であり、強硬なパレスチナ入植活動をしていることから、偽旗作戦をやりかねないと思わざるを得ないのです。

入植活動とは、パレスチナの領土にイスラエル側が建物や道路などを一方的に建設し、パレスチナ人の土地を強制的に奪っていくことです。

ネタニヤフ政権は連立政権で、連立相手に「宗教シオニズム」がいて、そこから財務大臣兼国防省付大臣にパレスチナ入植活動家のベザレル・スモトリッチが抜擢《ばってき》されています。政党名からも相当な強硬派であることが伝わってくると思います。

スモトリッチは連立の条件として、入植地の管理をする権限をネタニヤフに要求。閣僚入り後すぐにパレスチナに新たに数千戸の住宅建設を許可し、これまで無許可だった非合法前哨基地を合法化することで入植活動を加速させています。「入植者の人口を倍増させ、道路や区域を建設し、ヨルダン川西岸地区とイスラエル国内のイスラエル人の生活の格差をなくすよう努める」と発言していて、聖書でイスラエルの土地であるとされている場所に住むパレスチナ人を完全に無視しているのです。

他にも国家安全保障大臣や国防大臣がかなりの強硬発言をしていて、現政権は多少の犠牲を払ってでも、パレスチナの領土を奪いかねない顔ぶれであり、わざとハマスに攻撃をさせ、徹底的に殲滅する口実を得たように見えてしまうのです。

「偽旗作戦はあり得ない」と否定する意見もあります。イスラム研究者のケヴィン・バレットはネタニヤフ政権を「過激な狂人集団」と呼び、イスラエルのパレスチナ侵攻は、イスラエルの世界での立場を危険なものにし、長期的にイスラエルの敗北に繋がると指摘しているのです。

イスラエルはアラブ諸国と国交正常化を進めていますが、イスラエルがパレスチナに徹底報復をすれば、アラブ諸国がパレスチナ支援に回る危険があります。そうなると、国交正常化の動きが壊れ、中東地域で孤立するだけでなく、世界にイスラエルが狂人集団であることを露呈するリスクがあるのです。こうなると世界でパレスチナを擁護する流れができ、シオニズム運動にとって不利になるとみているのです。

はたして「過激な狂人集団」がそこまで冷静な判断をすることができるのか……。

テロ組織に翻弄されていた世界最高峰の諜報国家

一方で、諜報情報はあったけれども、それを理解することができなかったのではないか、または、テロ組織が諜報機関より一枚上手だったのではないかという意見があります。

「ワシントンポスト」は、ネタニヤフ政権と諜報機関「モサド」は司法制度改革の混乱などで関係が悪化していることを指摘していて、「過去40年間で最も内部分裂している」というのです。

加えてテロ組織が諜報網をかいくぐることができる〝知性〟を持っていることも要因であると言われています。

イスラエル軍司令官だったアミール・アヴィヴィは「電話やパソコンを一切使わず、厳重な警備のある防諜対策の部屋・地下室で計画を立てるという、石器時代に戻ることで諜報網をかいくぐることができたのではないか」と指摘します。

ハマスの議員で現在はレバノンに住むアリ・バラケは〝2年前〟からハマスのごく一部の高官だけで計画が立てられていて、片手で数えられる人数だけが計画を知っていたことを明らかにしています。

「ウォールストリートジャーナル」によると、８月からレバノンのベイルートでハマス、レバノンが拠点のヒズボラ、イランの革命防衛隊が打ち合わせをしていたことが報じられています。また、「ニューヨークタイムズ」によると、ヒズボラはイスラエル北部に奇襲テロ攻撃の６カ月前から攻撃を断続的にすることで、南部のガザ地区からイスラエルの注意を逸らさせていたといいます。さらに、ハマス奇襲部隊は４日前にスマホ等の電子機器が没収され、先端技術を駆使するイスラエル諜報網を避け、奇襲攻撃数時間前まで作戦を知らさないことで、徹底して情報漏洩《ろうえい》しないようにしていたようです。テロ組織のほうが一枚上手だったと言わざるを得ないでしょう。

トランプ前大統領は10月11日の演説で「ヒズボラは賢い」と発言し、「トランプがテロリストを賞賛した！」と大騒ぎになりました。

発言の意図は、ヒズボラはイスラエルの諜報網をかいくぐることができる賢さを持っていて、暴力性だけでなくずる賢さも併せ持つ危険人物たちが、バイデンの国境開放政策によって南部国境からアメリカ国内にすでに侵入している可能性を警告するものでした。テロリストを賞賛するようなものでは決してありません。この切り取りミスリード騒動の発信源が、大統領選挙出馬宣言以来、支持率を落とし続けているフロリダ州知事のロン・デサンティス陣営であることは残念でなりません。

テロ組織といえば、自爆テロや大量殺人をすることしか能のない、単なる野蛮人であるかのように思えますが、ずる賢さも兼ね備えていることが、今回の奇襲テロ攻撃で証明されたのではないでしょうか。

また、ハマス幹部を驚かせるほどの成果だったとバラケは言います。それだけイスラエルの隙《すき》を突くことができていたわけで、トランプ前大統領の主張するとおり、テロリストは単なる野蛮人集団ではなく、知性も持つ危険集団であることを再認識する必要があります。

イスラエルのアパルトヘイトの実態

"Israel is not a state of all its citizens… [but rather] the nation-state of the Jewish people and only them"（イスラエルはすべての国民の国家ではない……〈むしろ〉ユダヤ民族と彼らだけの国民国家である）

２０２２年2月、Amnesty Internationalが公開した２８０ページの報告書はこのような差別の言葉で始まりますが、これは２０１９年3月のネタニヤフ首相の発言です。

イスラエルは2つの国際人権団体からパレスチナ人に対する「アパルトヘイト」（人種隔離政策）をしていると非難されているのです。

パレスチナの土地や財産の大規模な差し押さえ、不法な殺害、強制移住、大幅な移動制限、行政拘留、パレスチナ人の国籍や市民権の拒否など、イスラエルによるさまざまなパレスチナ人に対する非人道的行為が指摘されています。

Amnesty International代表は「ガザ地区、東エルサレム、ヨルダン川西岸地区、イスラエル国内、どこに住んでいようが、パレスチナ人は下級人種グループとして、構造的に権利が奪われている」とイスラエル政府の長年の行為を強く批判する声明を出しています。

イスラエル政府やアメリカ国務省は「馬鹿げている」として、報告内容を否定しています。

しかし、直近ですと2023年2月12日、イスラエル政府がユダヤ人入植地9カ所を承認し、既存の入植地に多数の住宅を建設すると発表、アメリカやイギリスなどが入植地承認を非難する共同声明を発表しただけでなく、20日には国連安全保障理事会で「深い懸念と失望」を表明する議長声明案がアメリカまでも賛同して可決したことがあります。

2021年4月には、国際人権団体Human Rights Watchが213ページの報告書をま

イスラエルとパレスチナの紛争での人的コスト（2008年〜2023年）

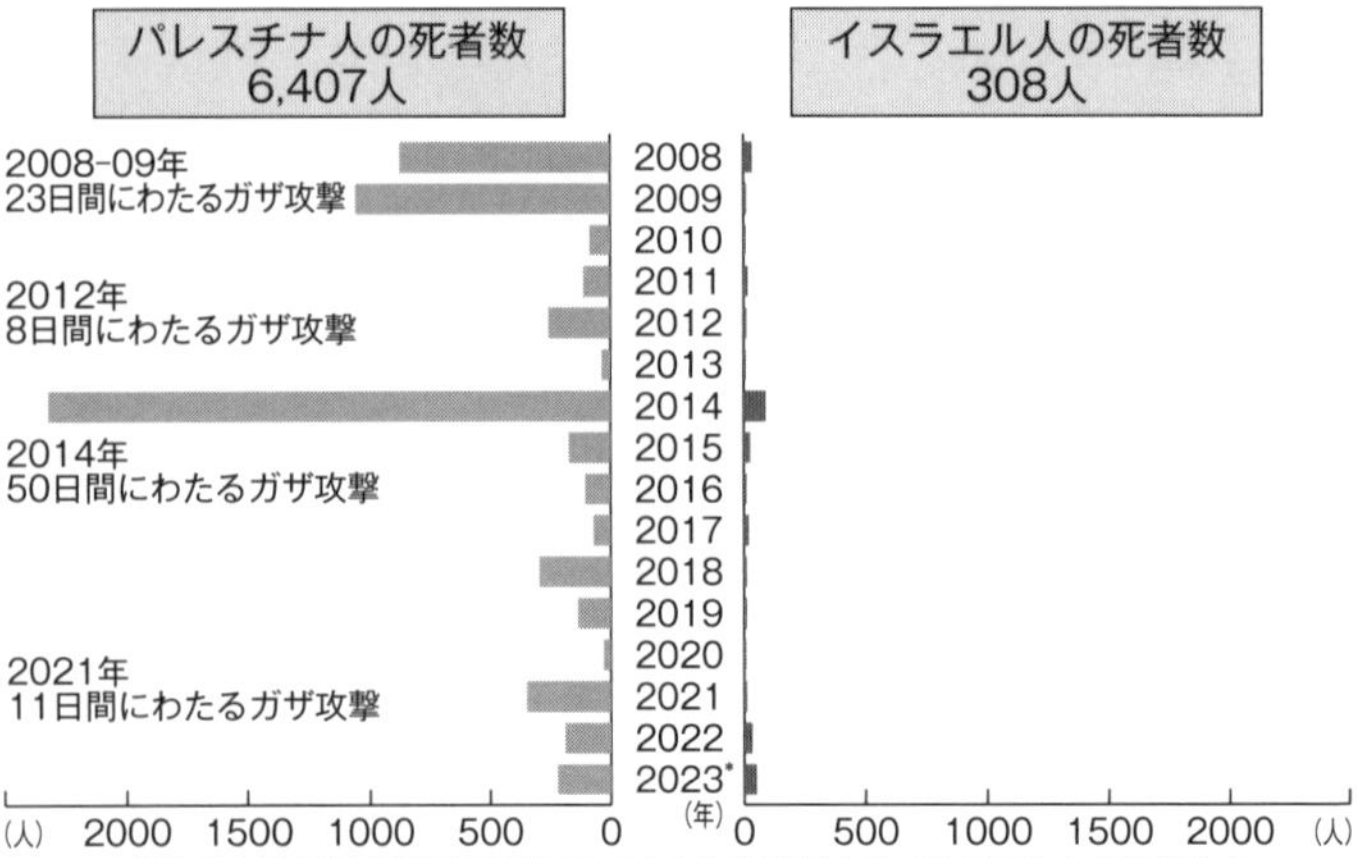

少なくとも152,560人のパレスチナ人と6,307人のイスラエル人が負傷した

出所：国連人道問題調整事務所

とめ、「世界の多くは、イスラエルの半世紀にわたる占領を、数十年にわたる〝和平プロセス〟がすぐに解決する一時的な状況として扱っているが、そこでのパレスチナ人への抑圧は、アパルトヘイトと迫害という犯罪の定義を満たす閾値と永続性に達している」と指摘しています。

図を見れば一目瞭然《いちもくりょうぜん》ですが、長年のイスラエルとパレスチナの対立の中で、パレスチナ側に圧倒的な被害が出ているのが分かります。

図は２００８年〜２０２３年８月末までの双方の被害がまとめられています。

約15年間でイスラエル側の死者は３０８人に対し、パレスチナは６４０７人と約20倍。

負傷者数にいたってはイスラエル６３０７人に対し、パレスチナは15万２５６０人と約24倍です。

イスラエルを擁護する意見としては、ハマスの姑息《こそく》な戦法があります。ハマスは病院や学校、国連施設を隠れ蓑《みの》にしているのです。イスラエルは事前警告の後に空爆をすることで、民間人の被害を最小限に抑えていると言われていますが、だからと言って民間人に被害を出してもよいという理由にはなりません。

西側諸国は総じてイスラエル寄りの姿勢を見せているため、「イスラエルが攻撃を受け、報復攻撃をした」という、イスラエルが被害者の報道はよく目にすると思います。ところが、中東拠点のメディアではイスラエルによる民間人被害が多く報じられていて、両者の現実を知らぬまま、どちらかの肩を持つのは危険ではないでしょうか。

イスラエル戦争の最悪のシナリオ

イスラエルとハマスの戦争は地域戦争に発展し、第三次世界大戦になる危険性があります。日本が直接参戦する事態になるとは考えにくいですが、間違いなく大きな影響があります。

フィンランド大学客員教授で、経済予測で世界的に知られる起業家のトウマス・マリネンは10月11日にSubstackに投稿した〝The Sword of Damocles〟(ダモクレスの剣)で、「最悪のシナリオ」を予測しています。ダモクレスの剣は「身に迫る一触即発の状況」をあらわすことわざです。

結論は、ハイパーインフレによる西側諸国の経済破綻《はたん》の連鎖が起きるというもの。あくまでも〝最悪〟の事態であることと、今回限りでなく、中東地域が不安定化したらいつでも起こり得ると覚悟しておく必要がある予測です。

マリネンは10のポイントをあげています。

①地域戦争に発展したところに、アメリカが〝直接〟介入する
②OPECが原油輸出に制限をかける(禁輸・減産)
③イランがホルムズ海峡を封鎖する
④原油価格が1バレル300ドルを突破
⑤ヨーロッパがLNG(液化天然ガス)不足で危機的状況を迎える
⑥エネルギー価格高騰に伴うインフレ対応を中央銀行がする(金利の爆上げ)
⑦金利上昇に伴い、金融セクターが崩壊
⑧米国債務危機でFRBが金融市場救済策の制定を余儀なくされる

⑨ペトロダラーの崩壊
⑩ハイパーインフレの到来
イスラエルはハマスに対して宣戦布告をしていて、ガザ地区地上侵攻はレバノンのヒズボラ、シリア、イラク、イランが介入する可能性があります。地域戦争になるとイスラエル防衛のため、アメリカが直接参戦する可能性があり、第三次世界大戦の幕開けです。

マリネンの予測は50年前の第四次中東戦争で起きた歴史的事実に基づいています。

当時、エジプト、シリアを中心にしたアラブ連合軍がイスラエルに戦争を仕掛けました。西側諸国はイスラエル支持に回り、これに激怒したOPEC（石油輸出機構）が原油減産・禁輸措置を発表。原油価格は6カ月で300％以上の急騰をしたのでした。今のサウジアラビアはことを荒立てたくないようですから、禁輸は現実的ではありませんが、原油のさらなる減産をする可能性はあるのではないでしょうか。

イランが持つ最強の切り札がホルムズ海峡の封鎖です。ホルムズ海峡は世界で消費される原油の6分の1、天然ガスの3分の1が通過する、実質通行可能幅はわずか3㎞のエネルギーの要衝で、ここが封鎖されると世界は大混乱に陥ります（マリネンは触れていませんが、日本の原油は約8割がホルムズ海峡を通過するため、ホルムズ海峡の封鎖は、日本経済の死を意味すると言っても過言ではありません）。

マリネンは「ホルムズ海峡はヨーロッパのアキレス腱《けん》」だといいます。ロシアがウクライナ侵攻を開始して以来、ヨーロッパを中心にロシア産天然ガスの代替を求めていて、たとえばドイツはオマーンと天然ガス調達で合意したばかりですが、ホルムズ海峡を通過します。

アメリカ企業とも契約をしていますが、施設の建設すら始まっていない状況です。

これ以上の代替案を見つけることが困難なヨーロッパとしては、ホルムズ海峡の封鎖は、ロシア、中東両方からの天然ガス供給が途絶えることになり、経済に深刻な影響が出るのです。

中東の不安定化はロシアのウクライナ侵攻開始時と同様、エネルギー価格の高騰を意味します。すると、燃料費の高騰による輸送コストの上昇や光熱費の上昇でインフレが加速、各国の中央銀行はインフレ抑制のための金利を上げる必要に迫られますが、耐えられなくなる国が出てくるはずです。資産市場と信用市場の崩壊の危機に瀕《ひん》します。

金融市場の救済として、中央銀行はコロナ禍最初期のような資金注入をせざるを得なくなりますが、これがさらなるインフレを誘発。

ここに「壊滅的選択肢」としてＯＰＥＣが原油ドル決済を取りやめると、アメリカにトドメを刺すことになります（ペトロダラーの終焉）。

アメリカドルの価値は急落、ドルが溢れかえることでハイパーインフレを引き起こし、世界経済が見たことのない大混乱を起こすことになる。

これはマリネンの言う〝最悪〟のシナリオです。

私はこれらすべてが起きるとは思っていません。たとえば、第４章で触れるＢＲＩＣＳであってもアメリカと関係を切ることができない国があります。インドやサウジアラビアですね。

しかし、イランによるホルムズ海峡の封鎖や中東の不安定化にともなうエネルギー価格の高騰で、再び世界でインフレ爆発が起き、経済破綻する危機に瀕する国が出てくる可能性はあると思っています。中東地域の問題は私たちの生活に直結する重大な問題であることを再認識したうえで、各国政府は感情ではなく、国益に沿った判断が求められます。

第三次世界大戦のカギは「タコ」

イスラエルは長年ハマスやヒズボラ、シリアからの散発的な攻撃を受け続けていますが、その背後にはイランがいます。

イスラエルの対ハマス戦争が、地域戦争に発展し、第三次世界大戦にまでエスカレートするかどうかのカギを握るのはイランです。

中東の不安定化の裏にはいつもイランがいるのですが、イスラエル元首相ナフタリ・ベネットは解決策として「オクトパスドクトリン」を提唱しています。

オクトパスは「タコ」、イランをタコの頭とし、ハマスやヒズボラのようなイランの支援を受ける武装組織をタコの触手と見なしています。つまり、イスラエルに対する攻撃を止めるため、大元である頭のイランを一気に叩けば武装組織の活動は収まり、イスラエルや中東圏が安全になるという考えです。

2022年9月12日、イスラエル諜報機関モサド長官のデービッド・バルネアが演説で再度オクトパスドクトリンに言及しイランに警告しました。イスラエルはイランの核開発施設の攻撃や関係者の暗殺をしていることが指摘されていて、モサド長官の警告はイスラエルがイランと戦争をする覚悟を持っていると捉えることもできます。イスラエルは地域戦争に発展した場合、手っ取り早く戦争を終わらせるため、イラン直接攻撃を仕掛けるかもしれないのです。

「さすがにアメリカがそんな暴走を許さないでしょ」と思いたいところですが、2023年5月24日、『The Intercept』は"LEAKED REPORT: "CIA DOES NOT KNOW" IF ISRAEL PLANS TO BOMB IRAN"（流出報告書：イスラエルがイラン爆撃を計画しているかどうかを「ＣＩＡは知らない」）で、記事タイトルのとおり、アメリカ諜報機関ＣＩＡが、イスラエルの行動を把握できていないことが明らかにされています。狂人集団とも呼ばれるネタニヤフ政権は何をするか分かりません。

２０２３年10月８日「ウォールストリートジャーナル」は“Iran Helped Plot Attack on Israel Over Several Weeks”（イランは数週間にわたってイスラエル攻撃計画を支援していた）で、ハマスの奇襲テロ攻撃は、イランの革命防衛隊の支援を受けていたことを明らかにしました。イランは関与を否定していますが、信用できません。イスラム共和制国家のイランは、大統領の上に宗教指導者ハメネイ師が君臨します。イラン国軍とは別の軍事組織である革命防衛隊は、軍事部門以外にエネルギーや建設部門があり、イランＧＤＰの１割〜最大で３分の１を占めると言われています。革命防衛隊の指揮権は宗教指導者が持ちますので、指揮権を持たないイラン政府が関与を否定したところで、信じることはできません。

10月19日には、イエメン沖に展開するアメリカ軍がイスラエルに向けた攻撃と思われるイエメンから発射されたミサイルとドローンを撃墜したと発表、イランが支援するフーシ派だと見られています。イエメンまでも介入する可能性があり、イスラエルがいつ「タコの頭」を叩きにいくか分からない状況になっています。

バイデンが世界大戦の引き金を引く

ハマス政治家バラケのインタビューでの発言が正しければ、ハマスの奇襲テロ攻撃は2年前から計画されていました。国辱のアフガニスタン敗走の時期と一致します。

後述しますが、タリバンがドーハ合意に違反する攻撃を米軍に何度も仕掛けていたにもかかわらず、米軍撤退を続けました。しかも大量の軍事物資や利用可能な基地の置き土産つきです。

バイデン政権発足直後の出来事であり、アメリカが弱くなったところを世界に晒《さら》した瞬間で、ハマスはバイデン政権4年間を好機とみたのでしょう。

今回の奇襲テロ攻撃の目的に人質の確保があったとバラケは言います。アメリカに収監されているハマスのテロリストがいて、同胞を解放することも目的だと言うのです。

9月11日、バイデン政権はイランで拘束されているアメリカ人とアメリカが拘束しているイラン人の交換をすることで合意したことを発表しました。人質交換だけでなく、60億ドルの資産凍結解除という特大のおまけつきで、アメリカ国内からは大きな批判がありました。バイデン政権は「人道的な目的でしか使わせない」と、テロ組織に60億ドルもの大金を渡すことに問題はないと主張していましたが、奇襲テロ攻撃後にブリンケン国務長官はテロ攻撃の資金源になる可能性を認めています。

このような、底なし無能政権の人質交換を見て、ハマスは計画実行の決意をしたのではないでしょうか。イランが支援していたということは、交渉中の人質交換の概要も聞いていたはずです。

中東地域の緊張緩和のため、ブリンケン国務長官は10月11日〜16日にかけ、中東・アフリカ諸国を歴訪。そのうちのサウジアラビア訪問は、世界に弱くなったアメリカを再び晒すことになったようです。「ワシントンポスト」によると、サウジアラビア皇太子にブリンケン国務長官は〝数時間〟待たされたというのです。

2、3時間程度のことかと思えばまったく違い、夕方に会談する予定が皇太子が姿を現したのは〝翌朝〟。つまり、数時間どころか、半日以上待たされていたのです。

後述のイスラエルとの国交正常化条件からも分かるとおり、サウジアラビアはアメリカを下に見ていることが改めて示されたのです。

サウジアラビア滞在中、ブリンケン国務長官は中国の王毅外相と電話会談し、〝中国の影響力〟を使い、事態鎮静化のために動くよう要請したと報道官が明かしています。

中国の協力なしでは、アメリカは中東で影響力を及ぼすことができないことを露呈してしまったのです。

中国が強大化しているのもありますが、アメリカが弱くなっていると言えます。

9・11首謀者として、2011年5月にアメリカ海軍特殊部隊に殺害されたオサマ・ビンラディンは、バイデンの無能さを見抜いていました。

ビンラディンがアルカイダ幹部と暗殺計画について協議していたメールが機密解除されているのですが、標的は「オバマ大統領と陸軍大将にするべきで、バイデンは標的から外すべき」と伝えていたのです。理由は「バイデンは大統領になる準備が整っておらず、アメリカを危機に陥れることになるだろう」というもので、ビンラディンにバイデンの無能さは10年以上前から見抜かれていたようです。

そして、まさに今、ビンラディンの予言とおり、アメリカは危機に瀕し、世界秩序が崩壊しています。

2　混乱ばかりのバイデン外交

イランvs.サウジアラビア

　産油国がひしめく中東の混乱は原油価格に直結し、世界経済、ひいては日本経済に多大な影響を与える地域です。世界の石油埋蔵量の約5割、天然ガス埋蔵量の約4割を中東が占め、日本に至っては原油供給の95・2％（２０２３年7月速報値）を湾岸諸国からの輸入で賄っています。日本は中東依存を脱却するためにロシアとの関係を強化し、石油・天然ガス複合開発事業サハリン１、２の共同開発を進めていましたが、２０２２年2月から始まったロシアのウクライナ侵攻により頓挫《とんざ》しました。

　また中東情勢で世界を驚かせたのは、２０２３年3月、中国の仲介によるイラン、サウジアラビアの国交正常化の合意です。イランとサウジアラビアは中東覇権を争う宿敵であり、あらゆる面で対立を繰り返していたからこそ、注目されました。

　たとえば、「世界最悪の人道危機」と呼ばれているイエメン内戦は、サウジアラビアと

日本の原油の輸入先（2023年7月速報値）

地域別輸入先

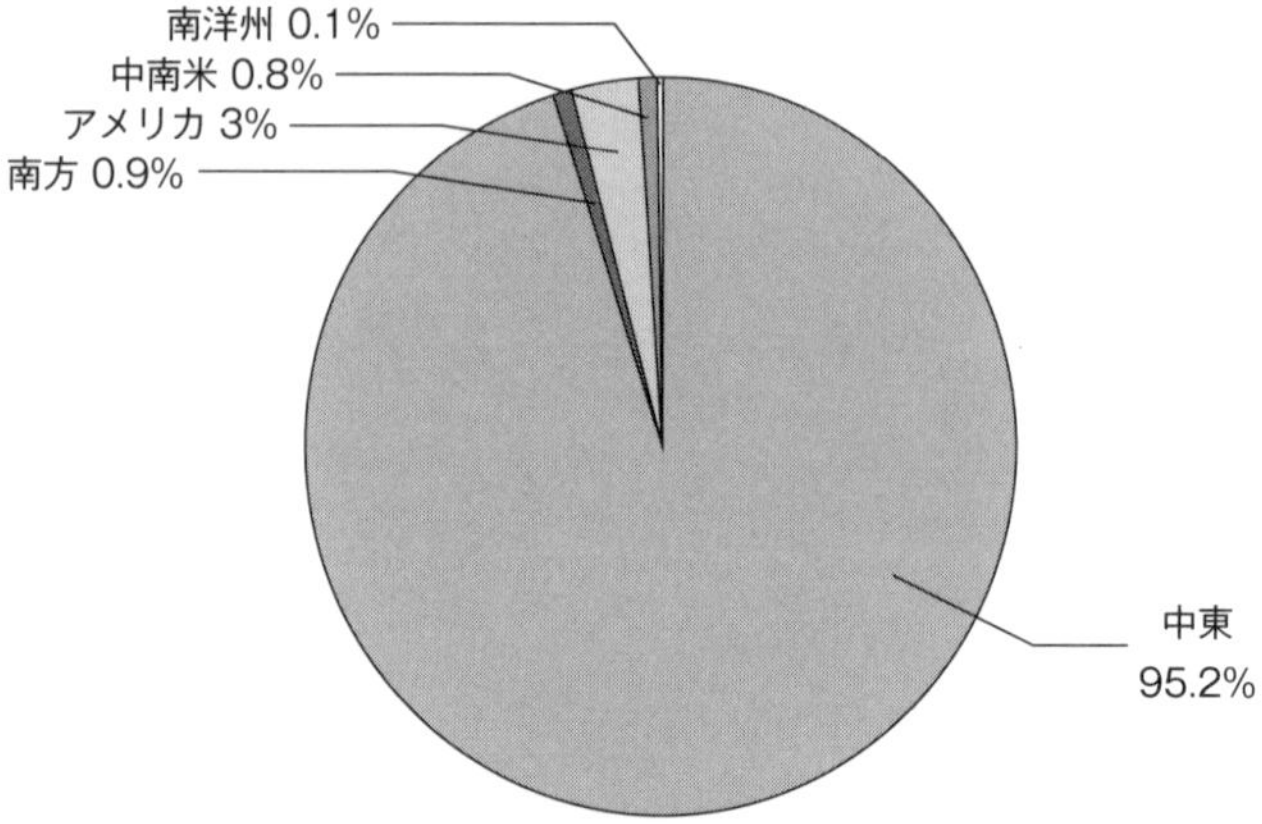

国別輸入先

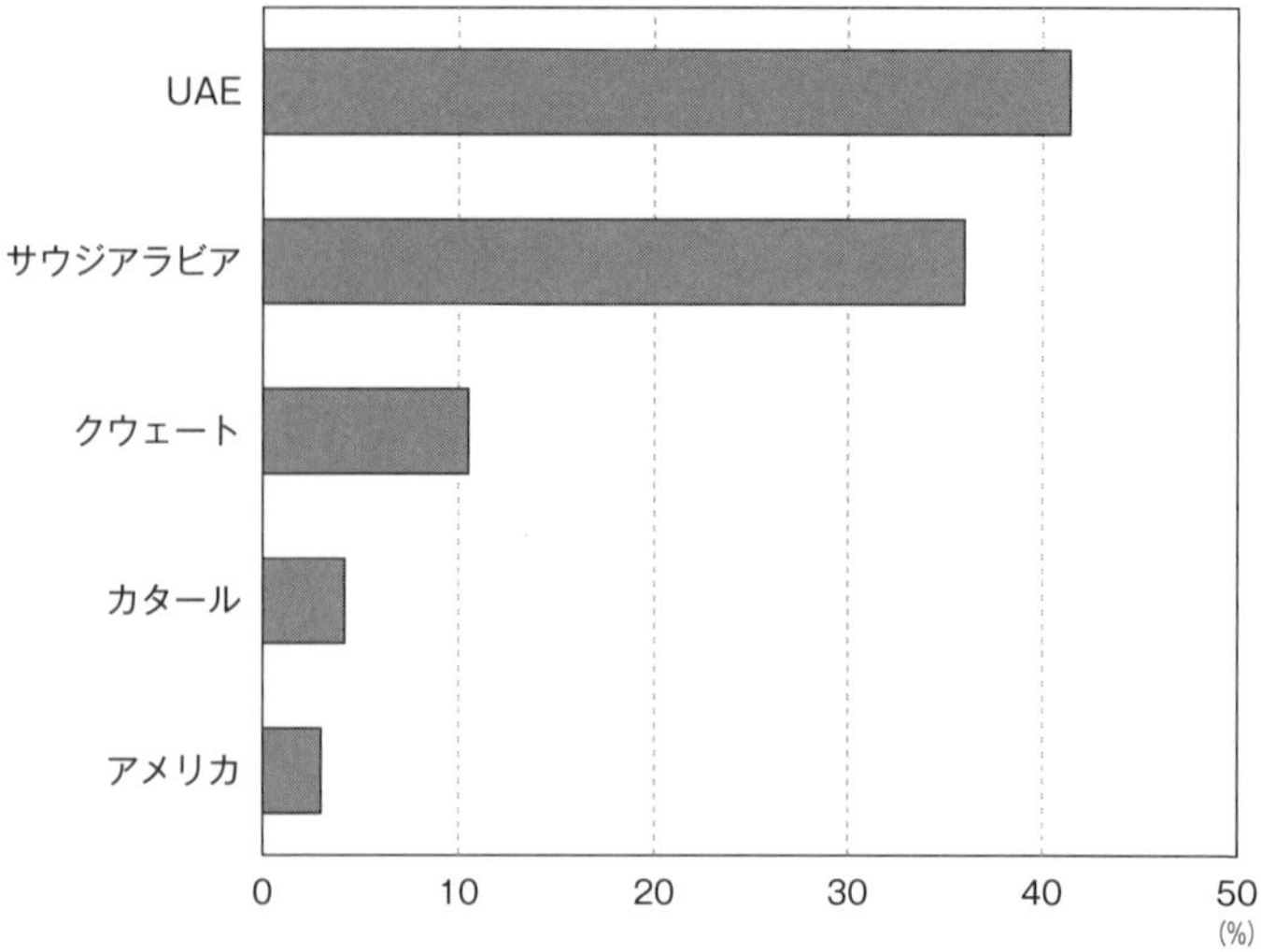

イランの代理戦争とも言われています。

これは中東で起きた〝民主化〟運動「アラブの春」を引き金に、2015年から始まったものですが、イランやロシアなどがバックについている武装組織「フーシ派」、サウジアラビアやUAE、アメリカなどが後ろ盾になっている「ハディ暫定政権」、アル・ズバイディ議長率いる分離独立派の「南部暫定評議会」、そこにアラビア半島のアルカイダの傘下のテロ組織が加わる四つ巴の泥沼状態を引き起こします。

その後、サウジアラビアの仲介でハディ暫定政権と南部暫定評議会が和平合意すると、アルカイダは自然消滅し、残った対立は暫定政権vs.フーシ派だけになったことで、サウジアラビアvs.イランの代理戦争の構図が浮き彫りとなったのです。今回の国交正常化により停戦合意がされています。

とまれ、イランとサウジアラビアの国交回復の衝撃を理解するために、まずは中東の雄である両国の対立点を整理していきましょう。

「中東はイスラムのアラブの国々が集まるところ」というイメージが強いと思いますが、イランはアラブではありません。かつてはペルシャ王国であり、ペルシャ人が住む、イスラムのシーア派が多数派の国です。一方、イラクやサウジアラビアなど湾岸諸国はアラブ人でスンニ派が多い。

地図・日本外務省の中東の定義

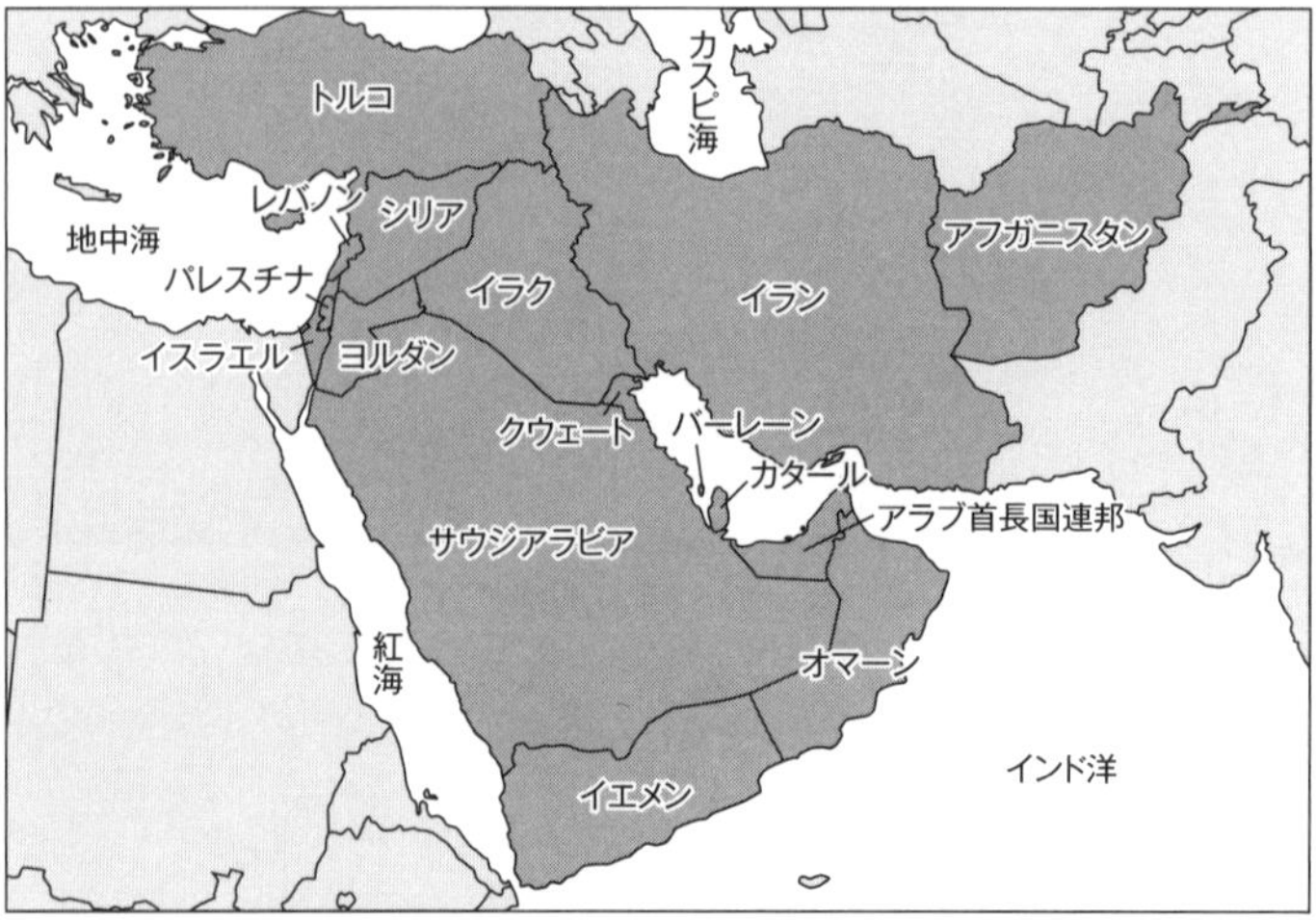

いうまでもなくペルシャ人とアラブ人は人種が違い、歴史的に対立を繰り返しています。１９８０年代に起きたイラン・イラク戦争もペルシャ人vs.アラブ人の戦いでもありました。その点、パレスチナ問題でアラブと激しく対立しているイスラエルのほうが同じセム族で人種は近い。

またシーア派とスンニ派は別宗教といっていいほど違いがあり、両派もしばしば対立しています。つまり、イランとサウジアラビアというのは、ペルシャvs.アラブであり、シーア派vs.スンニ派であり、豊かな産油国同士が中東の覇権をめぐり対立しているのです。

そのうえ、対米関係ではイランの超反米に対しサウジアラビアは親米なのです。要するにイランの後ろにはロシアがつき、サウジアラビアの後ろにはアメリカがついている。そして、中国がその両陣営にいい顔をしている、というのが大きな中東の勢力図です。その勢力図の中に、イランに近いイラクやイエメン、シリア、レバノンがあり、サウジアラビアに近い、ＵＡＥなどの湾岸諸国がひしめいている。そして別枠に親米国家のイスラエル。

実はイランにとってはサウジアラビアよりも最大の敵はアメリカであり、次いでイスラエルです。

サウジアラビアはペトロダラーシステムに歯向かうのか？

イランとアメリカの関係がここまで悪化したのは、１９７９年のイラン・イスラム革命が決定的でした。今のイランである「イラン・イスラム共和国」はイラン・イスラム革命により樹立されたのですが、革命を逃れたパーレビ国王をアメリカが保護したことに初代最高指導者となるホメイニ師が激怒。報復としてテヘランの米国大使館に突入し、アメリカ人52人を４４４日間拘束し続けた事件が起きます。これで両国は国交断絶となり、イラン・イラク戦争ではアメリカがイラクの後ろについてイランを潰そうとした。以来、歴代のアメリカ大統領もイランを脅威と捉え、イランを「テロ支援国家」と位置づけては、経済制裁を科してきました。

一方、サウジアラビアが親米なのは、アメリカとの「ペトロダラー（ドルベースの資源取引）」システムがあるからです。私もお世話になっている渡辺惣樹さんが翻訳したマリン・カツサの『コールダー・ウォー』（草思社文庫）によると、ペトロダラーというのは、1971年のニクソン・ショック後に、金と兌換できなくなったドルの信用を支えるために、石油取引の決済通貨をドルにするというものです。

当時ニクソン政権の国務長官だったヘンリー・キッシンジャーは世界最大の産油国であったサウジアラビアの王朝政権と交渉し、サウジアラビアがイスラエルやイラン、他のアラブ諸国から攻撃を受けた場合にはサウジアラビア王家を守ると約束。また最新兵器の販売も認めます。

その見返りとしてサウジアラビアの全石油取引をドル建てで行うこと、貿易黒字部分で米国債を購入することを約束させます。このサウジアラビアとの契約のお陰で他のOPEC諸国もドル決済に追随。こうしてペトロダラーシステムが完成します。

ドルが基軸通貨の地位を占めているのも、これが大きな理由です。

アメリカはこのペトロダラーシステムを守るためなら何でもします。リビアのカダフィーや、イラクのフセインが潰されたのは、石油取引の決済通貨をドル以外に変えようとしたからだとカッサはいいます。

このようにサウジアラビアにとってアメリカは中東での強大な用心棒であり、イランとの覇権争いにおいても強力なパートナーだったはずです。そのサウジアラビアがアメリカを無視してイランとの国交を回復しようという。

しかもサウジアラビアが原油取引決済に人民元の受け入れを検討していると報道されている。真偽のほどは定かではありませんが、アメリカの逆鱗《げきりん》に触れかねないことをなぜサウジアラビアはするのか。しかし大きな責任の一端はアメリカの迷走にあると私はみています。

迷走する核合意

発端は2015年、オバマ大統領が結んだ「イラン核合意」です。

イランが「核兵器開発」を大幅に制限することを条件に、アメリカはイランへの制裁を解除、1500億ドルに上ると推定されるイランの資産を解放し、約400人のイラン人を制裁リストから外し、アメリカとのビジネスも許可しました。イランは再度、世界の金融システムに参入し、石油輸出も再開。ところが、イランは「2015年以前から、イランは核開発をしていて、真実を話していない」（イスラエル諜報機関）ことに加え、弾道ミサイルの開発を強化していたことが発覚。そもそも10～15年という時限式である核合意でイランの脅威をなくそうとすること自体、無理な話でした。

そこで、2018年5月、トランプ政権は核合意から離脱し、イラン経済制裁を再開します。トランプ大統領はイラン核合意にはイランの核開発を止める効果がないばかりか、イランの中東諸国に対する敵対行為を止める効果もないと判断。この認識はイスラエルやサウジアラビアとも一致しています。

さらにトランプ政権は中東を安定させようと、「アブラハム合意」を成立させます。

2020年9月に調印されたアブラハム合意とは、イスラエルと、UAE、バーレーンの3カ国が国交正常化に合意したのに続き、スーダン、モロッコも合意したことの総称です。パレスチナ問題などで、激しく対立していたアラブ諸国とイスラエルを和解させ、新たな脅威として浮上したイランを抑える意味合いがあるトランプ政権の中東和平の成果として特筆すべきものです。

ところが、バイデン政権になって核合意への対応が揺れます。

バイデンは選挙公約では核合意復帰を掲げていましたが、双方の主張の溝は埋まっていません。たとえば「イラン革命防衛隊」についてトランプ政権が指定した「外国テロ組織」の解除をイランは要求していますが、バイデンは拒否。また、将来にわたって米政権に核合意の離脱をしないよう保証を要求していますが、これも拒否しています。

イランの核兵器保有能力は、2週間から3週間で、核爆弾1個分をつくることができると言われており、脅威は高まるばかりです。

アブラハム合意により、政治と宗教・イデオロギーを切り離した外交を各国は取りやすくなり、中東和平が進むかと思われましたが、バイデン政権はトランプ政権が敷いたレールを上手く走れていないようです。

核合意におけるアメリカの迷走がサウジアラビアやイスラエルの不信感を買っていることは間違いありません。

トランプとバイデンのギャップ

先にも述べたようにトランプ政権とバイデン政権は、対サウジアラビア政策は正反対のものでした。

反イスラムと報じられていたトランプが大統領就任後初の外遊先に選んだのはサウジアラビアです。それまで最初の外遊先にイスラム圏国家を選んだ大統領はいません。トランプは盛大な歓迎を首都リヤドで受けるとともに、その場で1100億ドルの大型軍事契約を結んでいます。

トランプ政権は、サウジアラビアの求める軍事支援によりアメリカ―サウジアラビア関係を強化することで、米軍撤退のような中東から手を引くことをしつつも、中東でのアメリカの影響力の維持を狙いました。

一方のバイデンはサウジアラビアを徹底的に敵視していた。大統領選挙キャンペーン時点で、サウジアラビア皇太子ムハンマド・ビン・サルマンを「殺人鬼」扱い。2018年のジャーナリストのジャマル・カショギが在トルコサウジアラビア総領事館で殺害された疑惑の責任追及を呼びかけていたのです。

加えて、バイデン政権は気候変動対策に邁進《まいしん》し脱石油により産油国を敵にしておきながら、2022年アメリカ中間選挙が近づき、原油価格の高騰を抑える必要に迫られると、慌ててサウジアラビアに飛んでいくという有様。イランとの核合意復帰を公約することがサウジアラビアを逆なですることにも無神経です。

サウジアラビアからすれば、大統領1人変わっただけで、ここまで扱いが変わるわけです。4年に一度、コロコロ外交政策を変えられていたら、たまったものではありません。

アメリカ歴代政権で最弱のバイデン政権の誕生は、サウジアラビアにとって、米国との関係の在り方を変える好機に見えたのではないでしょうか。

アフガニスタン敗走

バイデン政権発足後、最初にアメリカが世界中に恥を晒したのは、２０２１年のアフガニスタン敗走でした。同年8月15日、アフガニスタンの首都カブールがタリバンによって陥落。世界中に弱くなったアメリカを見せつけた瞬間でした。

暴れまわるタリバンを放置した末、自爆テロが発生、アメリカ兵13人が命を落とし、45人が負傷、少なくとも１６９人の現地住民が死亡し、２００人以上が負傷する凄惨な事件でした。前著『左翼リベラルに破壊され続けるアメリカの現実』（徳間書店／以下第1弾書籍）で詳述していますので、本書では詳しくは扱いませんが、現場米軍兵たちが、テロ実行犯が犯行前にウロウロしていたところを目撃し、上層部の射殺許可を待っている最中の出来事でした。さらには、まったく関係のない民間人に対する誤爆も発覚するなど、アメリカの信用を失墜させる出来事のオンパレード。

アフガニスタンからアメリカ軍をはじめ、各国の軍隊を撤収させることはトランプ政権下で決まっていたことです。通称「ドーハ合意」と呼ばれる和平合意で、アフガニスタン政府とタリバンに和平交渉をさせ、アルカイダを含むテロリストの活動を認めないことなどと引き換えに、外国勢力の撤収を約束していたのです。

トランプ前政権が、すでにレールを敷き、バイデン政権はそれに沿うだけで良い状態になっていたのです。

ところが、問題が発生します。タリバンが暴走し始めたのです。そもそもトランプ政権下で交渉をしている段階で、アフガニスタン政府とタリバンの間の溝は埋まっていませんでした。それでも話を前に進めることができていたのは、強いアメリカの存在があったからこそだった。

タリバンはバイデン政権発足後、勢力を拡大していきました。タリバンに占領される都市が増える中、バイデンはアメリカ軍の撤退を続けます。タリバンの暴走自体はドーハ合意に違反する行為ではありませんが、アメリカとその同盟国の脅威にならないことが条件でした。

2021年9月28日、アメリカ連邦上院議会に、ロイド・オースティン国防長官、マーク・ミリー統合参謀本部議長が召喚され、アフガニスタン敗走に関する追及を受けます。

このとき両者は、「タリバンはアメリカに対して攻撃をしておらず、ドーハ合意に違反していなかった」と証言しました。

嘘です。

国防総省監査長官、国務省監査長官、国際開発庁監査長官の合同報告書によると、２０２１年４月２日にタリバンによるロケット砲がホースト州の基地に撃ち込まれています。４月７日にはタリバンによるカンダハール空軍基地に対するロケット砲攻撃もありました。

どちらも基地の近くに着弾しただけで、幸い被害はなかったのですが。

５月３日には、当時の国防総省報道官ジョン・カービーは「小規模な、嫌がらせのような攻撃があったが、アメリカ軍の撤退計画に影響はない」と記者会見で発表しています。

２０２３年８月15日に発売された書籍“Kabul: The Untold Story of Biden's Fiasco and the American Warriors Who Fought to the End”（カブール：バイデンの大失敗と最後まで戦ったアメリカの戦士たちの知られざる物語）では、別の攻撃が指摘されています。この書籍は、アメリカ政府に対する情報公開請求で公開された公式文書や、公式声明などに基づいています。国防総省の内部文書によると、６月28日、バグラム空軍基地という、アメリカ軍最大の空軍基地に対する攻撃が確認されています。

このように、タリバンがどれだけ大暴れしようが、ドーハ合意に違反したことをしようが、バイデン政権は撤退を続けました。そこに約71億ドル相当の軍事兵器や、整備された基地を含めれば、数百億ドル規模と言われる置き土産つきです。
さんざんアメリカに引っ掻き回されてきた中東諸国としては、アメリカを見限るきっかけには十分と言えます。

サウジアラビアとイランが正常化合意した理由

サウジアラビアとイラン断交は2016年1月3日、サウジアラビアが突きつけました。きっかけはサウジアラビアが1月2日にイスラム教シーア派聖職者ニムル師を含む47人の処刑を発表したことでした。ニムル師は2011年に民主化運動（という名の中東秩序の破壊）「アラブの春」で、サウジアラビア王室の追放を叫び、サウジアラビア東部の分離独立を呼びかけていた人物。処刑を機に、イスラム教シーア派が多数を占めるイランでは、大規模な抗議デモが発生、1月3日にイランの首都テヘランにあるサウジアラビア大使館が襲撃されました。これを受け、サウジアラビアはイランとの断交を決意したのです。

イラクの仲介により、2021年4月以降、サウジアラビアとイランの国交回復の調整が進められていました。ところが、仲介役のイラクの政情不安により頓挫しましたが、両国にはそれぞれ国交正常化をしたい理由がありました。

イランはアブラハム合意以降、地域での孤立が進んでいました。イランは革命により、イスラム法学者が大統領の上で全権を掌握する独裁体制を樹立。そのため、イエメンを除いて、王政・首長制であるアラビア半島諸国はイランによる「革命の輸出」を恐れます。実際、サウジアラビアやバーレーン、クウェートで暴動やテロ行為が頻発。近年では「アラブの春」という民主化運動風の国家転覆も相次ぎました。

したがって、イランを〝共通の敵〟とただでさえ警戒している国がアブラハム合意を結んだため、孤立が進んだのです。

また、イラン内部でも問題がありました。サウジアラビアが資金を出す『イラン・インターナショナル』というメディアが、イラン国内の抗議活動を煽動していたのです。『アラブニュース』は2023年3月18日、〝The Saudi-Iran deal is an opportunity to bring stability〟（サウジアラビア―イランディールは安定をもたらす機会）で、「国交正常化は、イランが最も弱っているときであり、サウジアラビアが最も強くなっているときだった」と、イラン国内で続く大規模抗議活動の影響を指摘しています。また、「アメリカを除く、すべての関係国にとっての勝利」とも言及しています。

サウジアラビアとしては、イランとの代理戦争になっているイエメン内戦の解決も求めていたことでした。

サウジアラビアは「ビジョン２０３０」という脱石油依存経済を目指す国家プロジェクトを進めています。そのためにも、海外企業・投資の積極的な受け入れが必要ですが、世界のハブになるうえで最大の懸念事項が治安でした。

イランとの対立を緩和することは、中東地域の治安改善に繋がることが期待され、ひいてはサウジアラビアの国家プロジェクトを前進させることに繋がるのです。

また、サウジアラビアのムハンマド皇太子は「イスラエルは潜在的パートナーだ」と言及しており、イスラエルとの関係強化へ関心を示しています。ビジョン２０３０を進めるにあたっての治安安定と、イスラエルの先進技術が必要なためではないかと言われています。

仲介をした中国からすれば、習近平肝いりの「一帯一路構想」にとって重要な中東地域の安定は、一帯一路の安定に直結します。それは〝デリスキング〟（リスク低減）によって西側諸国が抜けていく穴を他の国を呼び寄せることで埋める役割も持つ。というか、そうしなければ、国内経済が火の車の中国としては、国を維持することは不可能です。

もちろん中東は中国の原油の輸入先としても重要な地域であるため、エネルギー安全保障の観点からも、その影響力を強めることは理に適った行動です。

中国の意図の見方は色々あるにせよ、中東で大きな変化が起きようとしているのは間違いないでしょう。

本書出版の直後では目に見えた変化はないかもしれませんが、長期的視点で見たとき、バイデン政権成立のタイミングが、世界激変の始まりだったと思える日がやってくるかもしれません。

3　中国が支配する大変革時代へ突入

「さらばアメリカ、こんにちは中国」

中東の中国シフトに関して、『アルジャジーラ』の２０２３年６月６日記事“The Middle East: Goodbye America, hello China?”（中東：さらばアメリカ、こんにちは中国）というタイトルがすべてを物語っている記事が話題になりました。

記事では、２０２２年７月にバイデンがサウジアラビア訪問時の「中国、ロシア、イランが埋める空白を残したまま、アメリカは中東から立ち去ることはない」という誓いをしたのに「まったくそのとおりのことが起きている」と批判。サウジアラビアは「中国、イランとの関係強化と、ロシアとの継続的な協力関係というハイブリッド外交をし、アメリカはサウジアラビアとイランの国交正常化の重大性を公では過小評価しているが、実際は大慌てのようだ」とその右往左往ぶりを指摘しています。

また、アメリカに対する新たな態度をとっているのはサウジアラビアに限ったことではなく、〝中東地域の現象〟だといいます。たとえば、アメリカのもう1つの同盟国であるアラブ首長国連邦（UAE）も、中国とより緊密な関係を築き、フランスとの戦略的関係を改善し、イラン、ロシア、インドの関与に取り組んできていた。

アメリカ離れ・中国寄りの現象が端的に表れているのが経済です。

2000年～2021年の中東諸国と中国の貿易額は、15・2億ドルから、284・3億ドルと18・7倍に爆増。

一方の対米貿易は、63・4億ドルから98・4億ドルと、ほとんど変わっていないのです。

権威主義的な国家体制の中東からすれば人権や民主主義を楯にキレイゴトばかりいってたいして金を出さないアメリカよりも、金払いのいい中国のほうがよほど話のわかる相手なのでしょう。ただでさえアメリカのイスラエル重視パレスチナ軽視の姿勢に反発する人も多く、イラクやアフガニスタンを滅茶苦茶にしたことも尾を引いています。

現に、２０２２年にドーハ拠点のArab Center for Research and Policy Studiesのアラブ14カ国を対象にした世論調査で、「アラブ地域の脅威と不安定の原因はアメリカ」と答えた人は78％にも上る。

また、アメリカ主導でロシア制裁が強要される最中にあって、ロシアが参加しているＢＲＩＣＳにサウジアラビアやＵＡＥ、エジプトが加盟申請をしたことも象徴的です。「アルジャジーラ」は、「アメリカの軍事的プレゼンスがすぐに弱まることはない」としつつも、「30年後にどうなっているか?」と、含みを持たせています。

私もすぐさまアメリカが中東での地位を失うとは思っていません。「中国が中東にできた空白を埋めたのではなく、アメリカが手に負えなくなっている厄介な中東を中国に押し付けた」という見方にも一理あります。

２０２３年3月13日、中東専門独立メディア「アルモニター」は“China triumphs with Saudi-Iran deal, but devil in implementation”（中国のサウジアラビア―イランディールで勝利するも、実行には悪魔がいる〈＝難航する〉）で、中国の問題点を２つ指摘しています。

１つ目は、〝武力〟による交渉ができない点。中国はジブチにしか軍事基地を持たず、実質的な安全保障構造を持っていないため、武力を背景にした、交渉内容の履行の強制ができない。

2つ目は、問題解決に〝乗り気でない〟点。従来から、中国はほぼすべての地域国と良好な関係を築くような外交政策をとってきた。そのため、暴力や緊張感が増したとき、中国が仲介するかどうかの意志がないように見受けられるのです。実際、サウジアラビアを含む湾岸協力会議とイランは、それぞれ中国の相手に対する甘い対応に不満をイスラエル・ハマス戦争については、積極的な介入をする素振りは見せていません。「アルジャジーラ」はその理由を、「中国は経済的つながりを積極的に持とうとするため、紛争時にどちらかの側につかずに中立をとるようにしている。サウジアラビアとイランの仲介と違い、両者に歩み寄る意志がないことも、大きな違いだ」と指摘しています。

このように、中国の中東政策は軍事・外交の両面から見て、上手くいかないのではないかという意見があるのです。

確かに、引き続き安全保障の点でアメリカの軍事力に頼らざるを得ず、中国が直ちに埋めることはできないでしょうが、すでに変化の兆しがあるのは間違いありません。

それらの分析はあくまでアメリカのものであって、中国の戦略は、アメリカと決定的に違う。中国は宗教的・イデオロギー的な対立の問題は横に置き、経済力を武器に影響力を高めています。「債務の罠《わな》」とも批判される中国の経済戦略です。

今後の中東情勢を見ていくうえで注目すべきは、イエメン内戦の停戦が崩れた際に中国が武力関与するかどうかです。中国にとって1つの試金石となるでしょう。

シリアのアラブ連盟復帰から分かるアラブ諸国の本音

２０２３年になってからアメリカにとってゆるがせにできない事態が中東で立て続けに起こっています。5月7日、シリアが正式にアラブ連盟への復帰を果たしました。２０１1年11月にアサド政権のデモ活動弾圧を問題視し、アラブ連盟から参加資格を停止されていたのです。

もちろん加盟国すべてがシリア復帰に賛同しているわけではありません。シリアのアラブ連盟復帰を決めた外相会議にカタールは欠席し、国交正常化をしないことを明言しています。カタールはアメリカ同様シリアの反政府勢力の最大の後ろ盾の1つで、反政府勢力による大使館運営も認めているほどでした。クウェートとモロッコも関係正常化に同意していません。

また、いまだにシリア北部は反政府勢力やクルド人勢力の支配下にあり、国連の仲介も

シリア内戦勢力

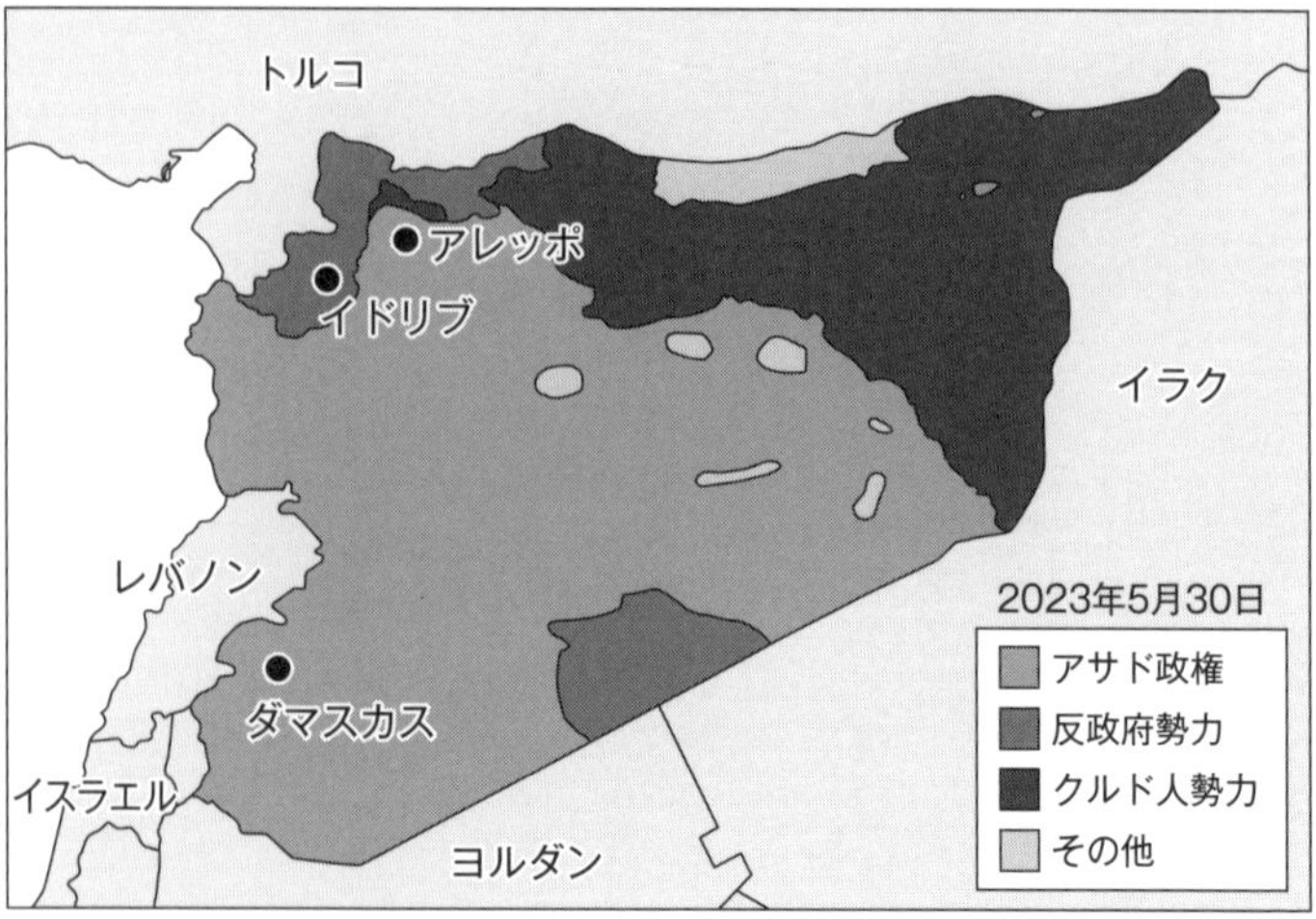

失敗し、アラブの春を引き金に2011年から始まった内戦の終結はまだ見えていない状況です。

アメリカはバッシャール・アル＝アサド大統領政権の打倒を目指したが、ロシアや中国、イランが支援しているアサド政権は倒れませんでした。

アメリカは反政府軍を支援していますが、シリア内戦はアサド政権vs.反政府軍という単純な構図ではなく、反政府軍の中でも対立があり、ISILのような過激派組織も存在しているため非常にややこしいです。

そのシリアがアラブ連盟に復帰できたのは、中東地域のパワーバランスの変化が指摘されています。

アメリカの中東地域での存在感の低下によ

り、それまでアメリカに追従していた中東地域各国は、自国と地域を重視した外交を始めているのです。

長期化しているとはいえシリア内戦におけるアサド政権の軍事的優位は固まっています。カーネギー国際平和財団とケンブリッジ大学の研究者であるH・A・ヘリヤーは、ドイツメディアDWに「サウジアラビアやUAEのような地域大国は、アサド政権が倒れることはないと判断した。ならば、イランの影響力を少しでも抑えられるようにと、対シリア政策を転換したのではないか」と指摘。また、中東外交政策のシンクタンク代表ハミド・ファレスは「アラブ首脳はシリアのアラブ連盟資格停止は意味がなく、地域を分断させ、安全保障上のマイナスだと判断した」と指摘しています。

シリアのアラブ連盟復帰は、自国民を虐殺するアサド政権を容認することに他なりません。人権を重んじる西側諸国ではあり得ないことですが、「シリアレポート」の創設者ジハド・ヤジジの次のような指摘はおそらく正しいでしょう。「モラルの側面から言えば、アラブ連盟加盟国の首脳は、シリアと同じくらい全員腐っていて冷酷なため、アサド政権に責任を取らせないことを気にするものはいない」と。

ファレスの言うように、海外からの投資を中東地域、特に失業率の高いアラブ諸国に呼び込むためにも、地域の安定が不可欠です。モラルや人権問題を無視して国益を優先できるのは、ある意味で中東地域諸国の強みともいえ、西側諸国の人権問題を理由にした圧力に応じなくなるかもしれません。

G7サミットにぶつけられた2つのサミット

2023年5月19日〜21日にかけ、G7広島サミットが開催されました。世界の先進7カ国の首脳と招待国の代表らが集まる重要イベントでしたが、私は2つの感想を持ちました。

1つ目が、ロシア・ウクライナの問題を解決する気がまったくなく、引き続きウクライナを全力支援する宣言をしたことに対する〝残念〟な気持ち。

2つ目が、G7というグループが、世界を牽引《けんいん》する〝トップ国の集まり〟ではなく、〝世界の中のグループの1つ〟に過ぎないように見えたということです。

G7サミットと時を同じくして、2つの大きなサミットが開催されていました。

5月18日〜19日、中国が主催した「中国中央アジアサミット」が、5月19日に「アラブ連盟サミット」がそれぞれ開催されていたのです。わざと狙って日程をぶつけてきたとしか考えられません。

中国中央アジアサミットは、中国陝西省西安で開催され、参加国は中国と中央アジアのカザフスタン、キルギス、タジキスタン、トルクメニスタン、ウズベキスタンの6カ国。「中国・中央アジア運命共同体」の構築をする方針や、2年ごとにサミットを開催することと、中国の金融支援5100億円、100を超える協力協議に署名がされました。

アラブ連盟サミットはシリアが復帰したことで、2011年以来12年ぶりに加盟21カ国とパレスチナ自治区の首脳全員が顔を揃えた。

このサミットにはウクライナのウォロディミル・ゼレンスキー大統領が招待されたことが日本で注目されていましたが、ウクライナに対する全面支援を約束するのではなく、和平交渉の仲介をする用意があることが宣言され、G7とはまったく違うアプローチが話し合われました。

かつては世界の〝先進国〟と呼ばれていたG7ですが、影響力においては世界を牽引する存在ではなくなりつつあります。それだけ世界に大きな変化が訪れているのが今であり、それを象徴する出来事だったといえます。

イラク戦争以来最悪の外交政策

2024年大統領選挙に向け、どうしても外交成果をあげたいバイデン政権が狙うのが、イスラエルとサウジアラビアの国交正常化です。

これはアブラハム合意により現実味を帯びていたものですが、バイデンを嫌うサウジアラビアとの関係悪化（というよりも、足元を見られている）により、後退した。

2023年7月27日、『ニューヨークタイムズ』にトーマス・フリードマンが寄稿した“Biden Is Weighing a Big Middle East Deal”（バイデンは中東のビッグディールを検討中）で、大胆な中東和平交渉案を検討していることが明らかにされました。フリードマンがホワイトハウスでバイデンに取材し、直接聞いた話がもとになっています。

それによると、イスラエルとの国交正常化の条件として、サウジアラビアからは大きく3つの要求がされています。

①NATO並みの相互安全保障、②民生用核開発の承認、③アメリカの最新鋭武器の購入

一方、アメリカの要求はイスラエルとの国交正常化だけではなく、イエメン内戦への介入停止、ヨルダン川西岸地区のパレスチナ機関に前例のない大規模な援助の実施、中国と

の関係拡大への大きな制限などです。サウジアラビアが原油取引決済に人民元を検討していることにも釘を刺しています。

この案について「アルジャジーラ」は２０２３年8月2日記事“US wants an Israeli-Saudi 'Normalisation' deal. Why now?”（米国はイスラエルとサウジアラビアの「正常化」協定を望んでいる。なぜ今なのか）で、現実的ではなく、それどころか過去最悪の外交政策になる可能性を指摘しています。

サウジアラビア外務大臣サウード・アル＝ファイサルは表向き賛意を示しつつも「パレスチナの人々の平和への道が示されないままでは、正常化の利益は限定的なものになる」と留保しています。

人権団体から「パレスチナ人に対するアパルトヘイト」と非難されるイスラエルのパレスチナに対する侵略・攻撃は、サウジアラビア国内でも非難する声が根強く、よほどの利益を示すことができなければ、イスラエルとの国交正常化に国民は納得しないでしょう。

一方、アメリカも、サウジアラビアの求めるＮＡＴＯ並みの安全保障や武器の購入は、上院議会の３分の2以上の賛成を得る必要がありますが、サウジアラビアに批判的であったり、中東地域に米軍派遣することに前向きではなかったりと、承認を得られる可能性は低いとみられています。

また、サウジアラビアとイランが関係修復を始めている中で、アメリカが存在感を増すようになると、イランを刺激することになり、中東地域の不安定化を招く恐れもあります。サウジアラビアの核開発にアメリカが協力すればどうなるか、火を見るより明らかです。

イランは堂々と核開発を再開し、イランの脅威を感じるイスラエルも黙ってはいません。負の連鎖であり、「イラク戦争以来の最悪の外交政策」になるかもしれないのです。実際、サウジアラビアのムハンマド皇太子は「仮にイランが核兵器を持った場合、我々も力の均衡を保ち、安全保障のために、核兵器を手に入れなければならない」と語っています（9月21日「アクシオス」）。

アメリカ政府に出した条件は、あくまで〝民生用〟核開発ですが、やはりサウジアラビアの本音は対イランの核兵器開発なのです。

100年に一度の大変革時代の到来

サウジアラビアとイランは外交関係の正常化をしましたが、犬猿の仲は変わらず、将来的に何が起きるか予断を許しません。両国が核兵器を持つようなことになれば、中東の緊張は否応なく高まる。そうなれば日本も無傷ではすまない。

バイデン政権のロシア制裁に同調し、振り回されてばかりでは、エネルギー安全保障をおろそかにすれば日本の国益にならないのはいうまでもありません。

東日本大震災の一件があったとはいえ、原発推進が現実的でしょう。

野党は再生可能エネルギーにシフトすべきと主張しますが、エネルギーが産業の基礎であり、天候に左右されるような不安定な技術に頼るという発想は「頭の中お花畑」としか言いようがありません。原子力発電に欠かせないウランは、幸いオーストラリアやカナダといった日本と良好な関係を持つ国に依存しています。

いずれにせよ、中東大変動を見越したうえで、日本は国益を最大化する努力をすべきです。

2023年3月22日、中国の習近平主席がロシアを公式訪問しました。晩餐会の会場を後にする習近平と玄関口まで見送ったプーチンの別れ際に交わされた会話が話題になった。

習近平「我々は今、100年間見られなかった変化を目の当たりにし、動かしている」

プーチン「そのとおりだ」

私たち日本人も肝に銘じておきたい言葉です。

第2章 軍事大国アメリカの沈没

1　戦争どころではないアメリカ国内事情

人民解放軍の急拡大

中国は過去10年間で軍事予算を倍にし、今では約２２００億ドル規模という、アメリカに次ぐ世界第2位の軍事予算を投入しています。

海軍に関しては、世界最大規模。流出した米軍の分析によると、中国の造船能力はアメリカの２３２倍です。

２０２１年の国防総省の報告では、実際の軍事予算は１・１倍～2倍程度の可能性があるとも指摘しているとおり、デタラメ嘘つき国家中国の数字は信用できません。

２０２３年6月に上院議会超党派で、国防総省傘下の諜報機関の国防課報局（ＤＩＡ）に、包括的な中国軍需産業に関する報告書の公開を義務付ける法案が提出されるほどです。

Stockholm International Peace Research Institute（SIPRI）は、２０２２年に中国政府

の発表した約2296億ドルの軍事予算は、実際は2920億ドルであると試算。International Institute for Strategic Studies（IISS）は3190億ドルという試算を発表していて、だいたい3割～4割増しが実態である可能性が高いよう。

少なく見えるカラクリを外交政策を扱う「The National Interest」は2021年11月26日“Revealed: How Chinese Defence Spending Compares to America's”（中国とアメリカの国防費の比較）で、中国政府の発表する軍事予算に準軍事組織が含まれていないことを指摘しています。

中国人民武装警察（PAP）は、「警察」という名称ではありますが、地方政府の指揮ではなく、中国中央軍事委員会の指揮下にある準軍事組織です。予算は2019年に285億ドルでした。

他にも、新疆生産建設兵団という、新疆ウイグル自治区で開発と治安維持を担当する200万人以上の規模の準軍事組織や、沿岸警備を担う中国海警局は約800万人の規模の準軍事組織ですが、軍事予算には含まれていません。

アメリカの航空宇宙局（NASA）に相当する中国国家航天局の宇宙空間の軍事利用部門は、人民解放軍の管轄ですが、これも軍事予算には含まれていません。

このように、中国政府の発表している数字は明らかに過小に見せられているものなのです。

一応2200億ドル規模である前提であるとして、アメリカの約8400億ドル規模には程遠い数字であることは確かです。ただアメリカの場合は、米軍兵に対する健康保険や年金のような社会保障が含まれています。

人民解放軍の給与は米軍ほど透明性のある公表をしていませんが、2021年1月の報道で推計することができます。このとき、中国政府は年末までに給与を40％アップすることを発表していました。中国メディアは喜ぶ大佐クラスの人物のインタビューを放映し、匿名でインタビューに答えた人物は、具体的にどれだけの給与が上がるかを話していました。The National Interestはそこから人民解放軍の大佐クラスの月給が3105ドル、年収3万7260ドルほどであると推計しています。

China Aerospace Studies Instituteのマルカス・クレイ博士は「アメリカ陸軍准将クラスと同等の人民解放軍高官の2018年の年収は4・2万ドルほどだ」と指摘しています。

これは、アメリカ海兵隊入隊2年目で、婚約者がいて、海外基地に駐留している人よりも低い年収ということになります。

つまり、中国は軍事予算に人件費をほとんどかけていないので、その分ミサイルや戦闘機開発に資金を費やせるのです。

過去50年で最悪の入隊率

2022年夏ごろから、アメリカのメディアは、米軍に起きている異変を報じていました。

徴兵制が廃止された1973年以来、過去最悪の入隊率だったのです。

「ウォールストリートジャーナル」が2023年6月30日記事"The Military Recruiting Crisis: Even Veterans Don't Want Their Families to Join"（軍隊採用危機：退役軍人でさえ家族の入隊を望まない）で、具体的な数字が示されています。

たとえば、米軍最大規模の陸軍は、2022年度の入隊目標を6万人に設定していましたが、4万5000人にとどまったのです。目標達成率は75％です。2023年は、目標6万5000人に対し、1万人不足の5万5000人の見込みで、2年連続で目標達成できない見込みです。予備役も含めた陸軍の目標は9万4000人で、9月1日時点で6万2500人と、目標の63・7％しか埋めることができていません（※アメリカの会計年度は10月1日～9月30日まで）。

2年前（＝トランプ政権）と比較し、陸軍は新規入隊者の減少に伴い、7％の規模縮小という結果になっています。

海軍は3万8000人目標のところ、1万人不足。空軍は2万7000人目標に対し、3000人不足になる見通しで、目標を達成できないのは1999年以来のこと。沿岸警備隊は目標の75％程度しか達成できないと報じられています。一方で、海兵隊と宇宙軍は目標をそれぞれ達成する見込みです。

士官候補生も深刻な問題が起きていて、2026年卒業予定の陸軍士官学校入学者は10％、海軍士官学校は20％、空軍士官学校にいたっては28％も目標を下回っているのです。

なりふり構わぬ入隊条件の緩和

国防総省はあらゆる手を使い、新規入隊希望者をかき集めようとしました。

入隊条件の緩和をし、たとえば、高校卒業を最低限の学歴基準にしていましたが、それを撤廃。入隊年齢上限を39歳から41歳に引き上げてもいます。

2021年には、女性や高齢兵の「平等」の名の下に、体力テストの基準緩和。タトゥーも事実上自由にし、ある一定の犯罪歴を容認するようにさえしています。

若者にアピールするため、中国共産党のスパイツールとして悪名高いSNSアプリTikTokを使った宣伝をすることまで検討されていました。国家安全保障リスクのあるツールを使って、国家安全保障を担保する軍隊の人員確保をするという、意味不明な構図です。

それだけでなく、金銭的インセンティブも用意します。陸軍と空軍は3000ドル～5万ドルの入隊ボーナス、海軍は2・5万ドルの入隊ボーナスを発表。これらは条件や役職にもより、たとえば空軍で爆発物の取り扱いをする最も危険な役職の1つが5万ドルのボーナスを用意されています。米軍報道官も「能力のある人物を集めることが目的だ」と話しています。

一方、クイックシップという「45日以内に、4年間の入隊契約」をすればボーナスを支給するという初めての試みもしています。当初のボーナス額は1万ドルでしたが、2・5万ドルに上がり、2カ月後には3・5万ドルまで引き上げられました。追加の2年契約をすれば、さらに1万ドル上乗せキャンペーンも実施していて、スマホの契約のようになっています。それだけ人が集まっておらず、国防総省は相当焦っていたのでしょう。

多岐に渡る米軍没落の原因

世界最強の軍隊に何が起きているのか？　答えは1つだけではなく、さまざまな要因が重なり合った結果です。

先述の「ウォールストリートジャーナル」の記事と、「エポックタイムズ」の2023年6月19日記事"IN-DEPTH: Pentagon Paying the Price for Going Woke"（深層：WOKEの代償を払う国防総省）を参考に深掘りしていきます。

※Woke…英単語の「目覚めている」で、社会問題に意識・関心がある人を表していたが、やがて、意識高い系を装っているだけで本質を理解できていないアホに対して使われる言葉になっている。

（1）入隊適格者・希望者の減少

米軍には「入りたい！」と思えば誰でも入隊できるわけではありません。入隊基準があり、基準を満たす必要があります。先述のとおり、入隊基準は緩和されていますが、それでも入隊適格者がコロナパンデミックの影響で減少したと指摘されています。

国防総省の発表によると、77％のアメリカ人の若者（17歳～24歳）は、米軍入隊条件を満たしていません。言い換えると、アメリカ人の23％しか、米軍に入隊する資格がないのです。

２０１３年の29％と比較すると、６％も米軍入隊適格者が減少しています。不適格な理由は、肥満のような身体的問題、学力テストが基準に満たないこと、薬物使用歴を含む犯罪歴で不適格になる人などが増えているのです。

また、16歳～21歳を対象にした「米軍入隊希望」を尋ねる調査では、コロナパンデミック前の13％が、現在は９％にまで減少していることが分かっていて、米軍に入隊する適格者が減っているだけでなく、入隊希望者の数も減っています。

(2)バイデンインフレの副作用

バイデン民主党はアメリカに経済的な甚大な被害を引き起こしています。「バイデンインフレ」とも呼ばれる、急激なインフレ大爆発が起きました。物価上昇に対応するため、飲食店や量販店の店員のようなロースキルジョブの給与が上がっていきましたが、このことも米軍入隊の魅力を薄めるものでした。

入隊直後の給与は決して高くなく、手取りで２０００ドル届かない程度ですが、住居費や食費はほとんどかかりませんし、保険もあります。ですので、レストランで皿洗いしているよりも、厳しいトレーニングをする必要はあるものの、豊かな生活が保障されています。

ところが、バイデンインフレにより、ロースキルジョブの給与が上がったことで、厳しいトレーニングが待ち受ける米軍入隊をわざわざ選ぶ人が減ったのです。

また、経済成長に伴い、ＩＴ分野を中心に多種多様な職が生まれたことで、旧来のやり方では人員確保が難しい時代になっています。

（3）米軍家系が子どもに入隊を勧めなくなった理由

米兵家系は代々米軍に入隊する傾向にあります。「ウォールストリートジャーナル」は「米兵家系の子どもは、半分以上の新規入隊を占め、重要なパイプラインだ」と指摘しています。陸軍の80％が米軍家系の子どもです。

今この重要なパイプラインが危機的状況にあるのです。退役・現役軍人が、子どもや孫に入隊を勧めなくなっているからです。

第1章でも触れた、最悪な形で幕を閉じたアフガニスタンやイラクでの戦争により、後遺症を抱えている人も少なくありません。

アーネスト・ニスペロスもその１人です。２０１９年に帰国するまで、アフガニスタンで戦闘計画立案や最高機密情報を扱っていました。帰国後、家族でディズニーランドに行くと、そこで経験したのが〝フラッシュバック〟です。夜になり、花火が上がる中、家族やトイストーリーのキャラクターの前で、胎児のようにうずくまります。花火の音が、アフガニスタンで経験した爆発音として、戦地を思い出させてしまったのです。

彼の家族でフラッシュバックに悩まされていたのはニスペロスだけではありません。ニスペロスの父も同じく２００５年のイラク戦争の経験がフラッシュバックし、存在しない攻撃に身構えるようになってしまいました。

ニスペロスには３人の子どもがいますが、誰にも自分と同じ経験をしてほしくないと思い、米軍入隊を勧めない決意をしました。

イラク・アフガニスタン戦争はアメリカが引き起こした不必要な戦争でした。その代償を命をかけて戦った軍人が支払い、そのしわ寄せが米軍に押し寄せているのです。

（４）洗脳で左傾化する米軍

ここまでの３つの要因は「ウォールストリートジャーナル」が指摘していたものです。「エポックタイムズ」は別の要因も指摘しています。それが急激に進む米軍の左傾化です。

詳細は後述しますが、要因の1つであると考えるべきでしょう。

ＤＥＩ（Diversity, Equity, and Inclusion）「多様性・公正性・包括性」を重視する採用を含む人事・運営がアメリカだけでなく、世界中で推進されています。

聞き心地はいいですが、能力ではなく、肌の色や人種・性別・性癖を優先する基準で、米軍にも導入されています。

国防総省は新規入隊が減少している理由とＤＥＩが関係しているデータはないと否定していますが、その主張に異を唱えているのが共和党のマイク・ウォルツ連邦下院議員です。陸軍士官学校を卒業後、アメリカ陸軍特殊部隊グリーンベレーに所属し、現在でもフロリダ州州兵の中佐です。グリーンベレーから初めて連邦下院議員になった人物で、26年間の兵役経験を持ちます。

ウォルツ議員は「国防総省はデータがないのではなく、そもそもデータを取っていない」と指摘。また、「この問題は共和党政治家がつくりあげたり、誇張しているのではなく、米軍の上官から来ている問題だ」と指摘しています。

「空軍が士官学校で、"Mom（お母さん）" "Dad（お父さん）" "Girlfriend（彼女）" "Boyfriend（彼氏）" という言葉を使うべきでないことを学ぶなんて考えたことがなかった。陸軍士官学校で、"White Rage"※ を議論していることを知ることになるとは思ってもみなかった」

と、軍隊とまるで関係のない、左翼思想の浸透・洗脳の場になっていることを非難しています。

［※White Rage：直訳は「白人の激怒」。2016年に書かれたノンフィクション本のタイトル］

国のため、命を懸けて戦うこともある場が軍隊です。それなのに、呼称で性別に関する単語を使うことは控えたほうがいい、人種問題とは、など、国防とまったく関係のないことを教え込まれているのです。

それでいて、たとえばアフガニスタン敗走のときのように、上層部の対応遅れにより、命を落とす人が出る。こんなところで、誇りを持って、命を懸けて、戦おうという気になりますか？

米軍の崩壊を食い止めようとしたトランプ政権

ウォルツ議員が指摘するように、米軍の左傾化は「上官から」来ている問題です。つまり、最高司令官の大統領が変わっただけが原因ではなく、トランプ政権下ですでに始まっていたのです。

2020年6月18日、アメリカはBLM暴動で各地で放火や略奪が相次ぐ地獄でした。

その最中、当時の国防長官マーク・エスパーはとある発表をします。なんと「ＤＥＩを推進する」と発表したのです。7月14日には、「多様性のある昇進」や「妊娠を理由にした差別」「バイアスの自覚」など具体的な政策変更の指示を出し、米軍が左翼思想に浸透されていきました。ＢＬＭ暴動の波に乗り、今がチャンスだと思ったのでしょう。

エスパー国防長官は、２０２１年度予算案の中に、ＤＥＩトレーニングを組み込み、民主党が支配していた下院議会はそれを受け入れ、上院議会は承認しました。トランプ前大統領は米軍基地から、南軍の将軍の名称から変更するという、キャンセルカルチャーの内容もあり、拒否権を発動しましたが、その後議会で再可決されてしまいました。

トランプ前大統領は米軍の左傾化を防ぐため、別の手段を使っていました。大統領令です。

２０２０年9月22日、"Executive Order on Combating Race and Sex Stereotyping"（人種と性のステレオタイプとの闘いに関する大統領令）で、米軍だけでなく、連邦政府機関における左翼思想浸透政策を禁止しました。

２０２１年1月20日にバイデン政権が発足。初日に大統領令を連発しましたが、最初に出した大統領令"Advancing Racial Equity and Support for Underserved Communities Through the Federal Government"（連邦政府を通じた人種的公平性の推進と十分なサービスを受けていないコミュニティへの支援）で、トランプ前大統領の出した左傾化を防ぐ大統領令は真っ先に撤回されました。

〝多様性〟に酔いしれる虹色社会正義マン集団の実態

トランプ前大統領は2017年8月25日、"Presidential Memorandum for the Secretary of Defense and the Secretary of Homeland Security"（国防長官および国土安全保障長官のための大統領覚書）に署名。バラック・オバマ前大統領がトランスジェンダーの米軍や国土安全保障省傘下の沿岸警備隊入隊や、ホルモン治療などの性転換手術を可能にした決定を取り消しました。

2021年1月25日には、バイデンが大統領令"Executive Order on Enabling All Qualified Americans to Serve Their Country in Uniform"（すべての適格な米国人が軍服で国に奉仕できるようにすることに関する大統領令）に署名し、トランスジェンダーの入隊を可能にして、米軍予算をつかった性転換手術等を可能にしました。

先述のとおり、米軍は徴兵制廃止以降、最悪の入隊率。米兵で定年退役の60歳を迎える人は19％程度（2017年）で、常に新規入隊者を確保し続けなければ、世界最強の軍隊を維持することは不可能です。

左派が叫ぶ〝多様性〟を受け入れ、トランスジェンダーの米兵を増やしたほうがいいのでしょうか？

一般企業や公務員ならともかく、特殊な空間である軍隊にトランスジェンダーは入れるべきではありません。これは差別的な意図を持った発言ではなく、適材適所という観点からの話です。

「エポックタイムズ」の2023年7月24日“Confidential Pentagon Memo Says Transgender Soldiers Can Defer Deployment While on Hormones”（米国防総省の機密文書によると、トランスジェンダーの兵士はホルモン剤を服用している間、派兵を延期することができる）で、その根拠が語られています。

元陸軍脳神経医として28年の勤務歴のあるアラン・ホープウェルは、軍隊におけるトランスジェンダーの入隊・治療（性転換手術）に反対しています。

理由は、性転換のために投与するホルモンです。私の第2弾書籍『北米からの警告』（徳間書店／以下第2弾書籍）でも紹介しましたが、ホルモン治療には副作用が伴うことがあります。精神的に不安定になることが副作用の1つです。

ホープウェルは、軍隊という過度なストレスのかかる特殊空間に、精神的に不安定になりやすいトランスジェンダーを入れることは、リスクを増大させることに繋がり、作戦に支障をきたす可能性があると指摘。特に「現場の医療部隊は、ホルモンの大量投与によりみられる不規則な行動に対応する用意がない」としたうえで、「仮に派兵した場合、戦闘状態のときに、著しい医療リソースをトランスジェンダーの隊員に割かなければならないかもしれない」と、軍隊としての機能に問題をもたらす危険性があるのです。

特別待遇のトランスジェンダー兵

強さよりも〝多様性〟を求める米軍はトランスジェンダーに特別待遇をしています。ジャーナリストのジョーダン・シャヒテルは２０２３年2月1日付の国防総省衛生局の34ページの内部文書を入手しました。

簡単に内部文書に書かれていたことを列挙していきますが、念のため言及しておくと、これから書く内容は、〝軍隊〟の話です。世界最強の軍隊の話です。あと、税金でまかなわれています。

- 発声セラピー
- 女性声化手術

・性転換ホルモン治療
・医療レーザー脱毛
・顔面整形手術
・身体整形手術
・胸切除手術
・性器除去手術
・心理カウンセリング

いかがでしょうか？　これが米軍に実際に導入されている待遇です。

これだけではなく、トランスジェンダーを〝自認〟している人は、身体能力検査の免除対象で、6カ月に一度の自己申告による更新手続きをし続ければ、永久免除ということになります。

また、ホルモン治療を受けた場合、300日間は派兵免除対象になります。一般的にホルモン治療は一度で終わるものではなく、長期にわたります。ですから、治療をする限り、一生派兵免除という特別待遇を受け続けることもできるのです。

トランスジェンダーのための専用部署まで新設していて、ただでさえ人手不足のところ、米軍はよく分からない方向に暴走し続けています。

他にも、中絶のための費用負担と最大で3週間の休暇を付与することも発表していて、米軍の左傾化は止まる兆しがありません。

トランスジェンダーの権利と女性の権利は衝突する

左派の方々は、中絶問題に関して「女性の権利」という言葉を使います。女性の権利を守ろうとするのは結構ですが、彼らは大きな矛盾を抱えていて、「お前ら何したいんだ」状態になっていることは、第2弾書籍でも指摘しました。

どういうことかというと、「女性の権利ガー」と騒いでいる連中と「トランスジェンダーの権利ガー」と騒いでいる顔ぶれがほぼ一緒なのです。そして、これほど矛盾していることはありません。

なぜなら、トランスジェンダーの権利を守るという大義名分の下、〝自称女性〟の男性器をぶら下げた男と更衣室やトイレを一緒に使わなければならないからです。あるいは〝自称女性〟の筋骨隆々ゴリマッチョとスポーツで競わなければならない。要するに、トランスジェンダー権利は女性の権利を侵害しているのです。

そして、この問題は軍隊でも同様です。

2023年7月17日のFoxニュースの報道によると、18歳の女性米兵が、2人のトランスジェンダー女性（生物学的男性）と生活を共にさせられていることが報じられました。2人ともホルモン治療を受けていますが、男性器の切除はしておらず、勃起も可能。そんな2人とシャワーを浴びなければならず、2人に挟まれて寝なければならない環境下に晒されているのです。

サウスダコタ州の州兵司法長官からの通報を共和党マイク・ラウンズ連邦上院議員が受け、上院議会の公聴会で明らかにしました。ラウンズ議員は「バイデン政権は一緒に働くすべての人ではなく、トランスジェンダーにばかり注目をしている」と批判しています。

次の制服組トップは怪物級の左翼？

米軍の最高司令官は大統領ですが、「制服組」と呼ばれる、米軍を統率する軍人トップで、大統領および国防長官の軍事顧問の立場なのが統合参謀本部議長です。

2023年9月末でマーク・ミリーは統合参謀本部議長の任期が切れ、後任にバイデンが指名したのがチャールズ・ブラウン空軍参謀総長です。2020年6月にトランプ前大統領の指名で空軍参謀総長に就任していましたが、率直に言って、人事ミスと言わざるを得ない人物です。ブラウンは黒人なのですが、ＢＬＭ暴動真っ盛りというときに指名していることから、トランプ前大統領の意図が見えます。

なぜ人事ミスかと言うと、空軍の採用目標を見れば一目瞭然です。とにかく肌の色と性別にこだわっているのです。

２０２２年８月９日の空軍内部文書で、「長期的な目標に投資するためのリソースを調整する、向上心のあるものであり、メリットベース（実力に基づく）採用プロセスを損なうような方法で使用されることはない」と注意書きはあるものの、空軍の白人率が80％近いことを問題視し、白人男性43％、白人女性24・５％、合計で67・５％に抑えることが掲げられているのです。

ここまでで分かるとおり、日本メディアの報じないところで、米軍は内部からゆっくりと崩壊しています。

２０２４年の大統領選挙の結果次第では、米軍が取り返しのつかないダメージを抱えるかもしれない、危機的状況にあることを理解したうえで、日本の国家安全保障を考えるべきでしょう。

2 アメリカは本気で戦う気はない!?

スパイ気球問題の実態

2023年2月1日、モンタナ州に住む民間人が上空に浮かぶ〝物体〟を発見し、大騒動になりました。翌日には北アメリカ航空宇宙防衛司令部（NORAD）が、「数日前から感知し、監視している」と、事態を把握していたことを明らかにしました。また、「中国が打ち上げたもの」と、中国由来のものであることも発表しています。これに対し中国側は「民間の観測気球が流されただけだ」と説明していますが、後にスパイ気球であったと断定されています。

サイズは約61mの大きさで、スクールバス2～3台分。16枚のソーラーパネルを搭載し、900kg以上だったようです。

スパイ気球は2月4日にサウスカロライナ州沖上空に差し掛かったところで、米軍により撃墜されましたが、米軍の核兵器格納施設を含む、重要軍事施設上空を飛行させたこと

スパイ気球経路とスパイ気球

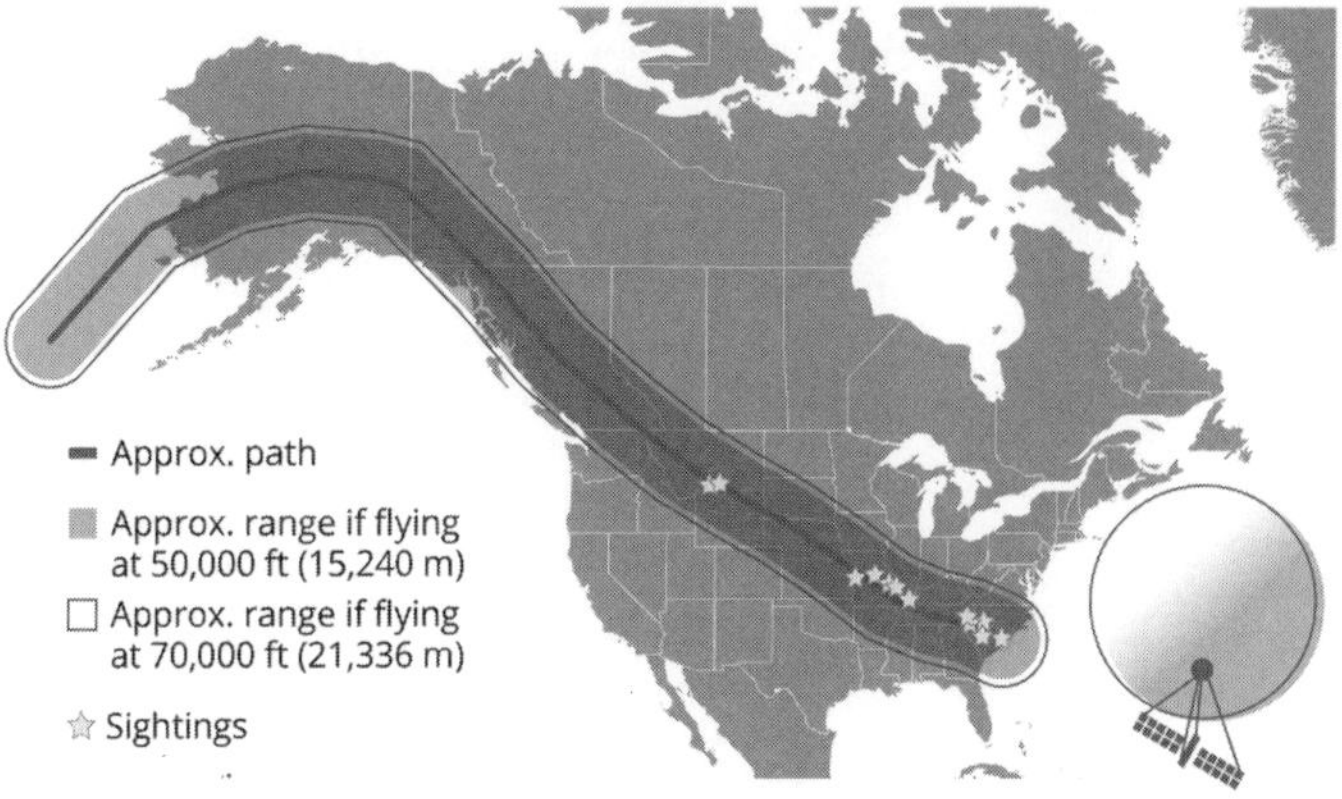

Source: Open Source Intelligence via TieDyeIntel/TheIntelFrog (Twitter)
（https://www.statista.com/chart/29242/chinese-balloon-flight-path/）

に批判の声が多く出ました。

ブリンケン国務長官の話では、中国のスパイ気球は5大陸40カ国の上空を飛んでいて、別の政府関係者の話によると、トランプ前政権下でもスパイ気球が確認されていたといいます。

このときのスパイ気球とは別の〝飛行物体〟も感知されていて、2月10日アメリカのアラスカ州北部、11日カナダのユーコン準州北部、12日ミシガン州とオンタリオ州間にある湖上空でそれぞれ撃墜されました。11日と12日に撃墜された飛行物体は捜索が難航し、結局回収することができなかったため、何を撃墜したのかは不明なままです。

「恐怖を送り込むサイレントキラー」

スパイ気球の推測される飛行経路はいくつかあり、1月26日に中国で打ち上げられ、日本本土上空を通過し、28日にアラスカ州南西部からアメリカ領空に侵入、カナダユーコン準州とブリティッシュコロンビア州上空を通過し、アメリカのアイダホ州に侵入後にモンタナ州で発見されたという説。「ニューヨークタイムズ」がアメリカ政府関係者の証言とAIを組み合わせて予測した経路は、1月15日に中国海南省で打ち上げられ、台湾とフィリピンの間を通過、28日にアラスカ州南西部に侵入したという説などがあります。

スパイ気球の存在が公にされてからは、モンタナ州、ワイオミング州、サウスダコタ州、ネブラスカ州、(カンザス州)、ミズーリ州、イリノイ州、ケンタッキー州、テネシー州、ノースカロライナ州、サウスカロライナ州と、アメリカを縦横断していきました。

中国のスパイ気球と断定されたものを国防総省は、軍事的脅威はなく、収集できる情報は限定的、また、民間への被害を考慮して撃墜しなかったと説明していますが、2023年4月3日にNBCニュースが真逆の可能性を報じました。

NBCニュースは2人の現職の政府高官、1人の元政府高官の証言をもとに、軍事的脅威もあれば、情報収集能力も高かった可能性があったと報じたのです。

3人は、「中国はスパイ気球を遠隔で操作することができていた」と証言。さらに、「リアルタイムで、中国本土に収集した情報を送信していた」というのです。収集できた情報は国防総省やホワイトハウスの主張する画像程度ではなく、「武器システムや基地内のコミュニケーションに関わる〝電子信号〟だった」と言います。

さらにさらに、スパイ気球には〝自爆機能〟が搭載されていて、「自爆をあえてしなかったのか、起動しなかったかは不明」としつつも、アメリカの重要軍事施設上空を自由に飛び回らせて情報収集を許し、巨大爆弾を抱えた物体を飛行させていたということが明らかにされました。

中国は2018年に気球に極超音速ミサイルを搭載する実験を始め、2020年には「気球は深海に潜む潜水艦のようになる」として、「恐怖を送り込むサイレントキラー」と宣伝していたことを踏まえると、バイデン政権は相当危険な判断をしていたと言わざるを得ません。

スパイ気球問題は、表面的には実害はなくすませられましたが、重要軍事機密を抜き取られた危険性があるだけでなく、自爆機能を使われていたら甚大な被害が出ていた危険性があったのです。

キューバに中国がスパイ基地建設

スパイ気球問題が落ち着いたかと思いきや、別の問題が報じられます。2023年6月8日、「ウォールストリートジャーナル」が"Cuba to Host Secret Chinese Spy Base Focusing on U.S."（キューバにアメリカを焦点にした中国の秘密スパイ基地建設へ）で、アメリカの目と鼻の先にあるキューバに中国の基地が建設される計画であることが明らかにされました。

キューバに最も近いのがフロリダ州ですが、その距離わずか100マイル（約160㎞）。台湾と中国本土と同じくらいの近さであり、中央軍司令部、特別作戦軍司令部、長距離ミサイル実験施設などがある、アメリカの国家安全保障において重要な州です。

報道によると、中国は資金難のキューバの盗聴ステーションを建設するために、数十億ドルを支払う基本合意に達し、メールや電話、衛星通信の傍受ができる可能性があるとのことです。情報源の政府関係者は具体的な場所やすでに建設が始まっているかどうかは明らかにしていないということですが、報道の数週間前に得た諜報情報を基にしたもののようです。事実であればとんでもないことは言うまでもないでしょうし、スパイ気球と同

フロリダ州とキューバ

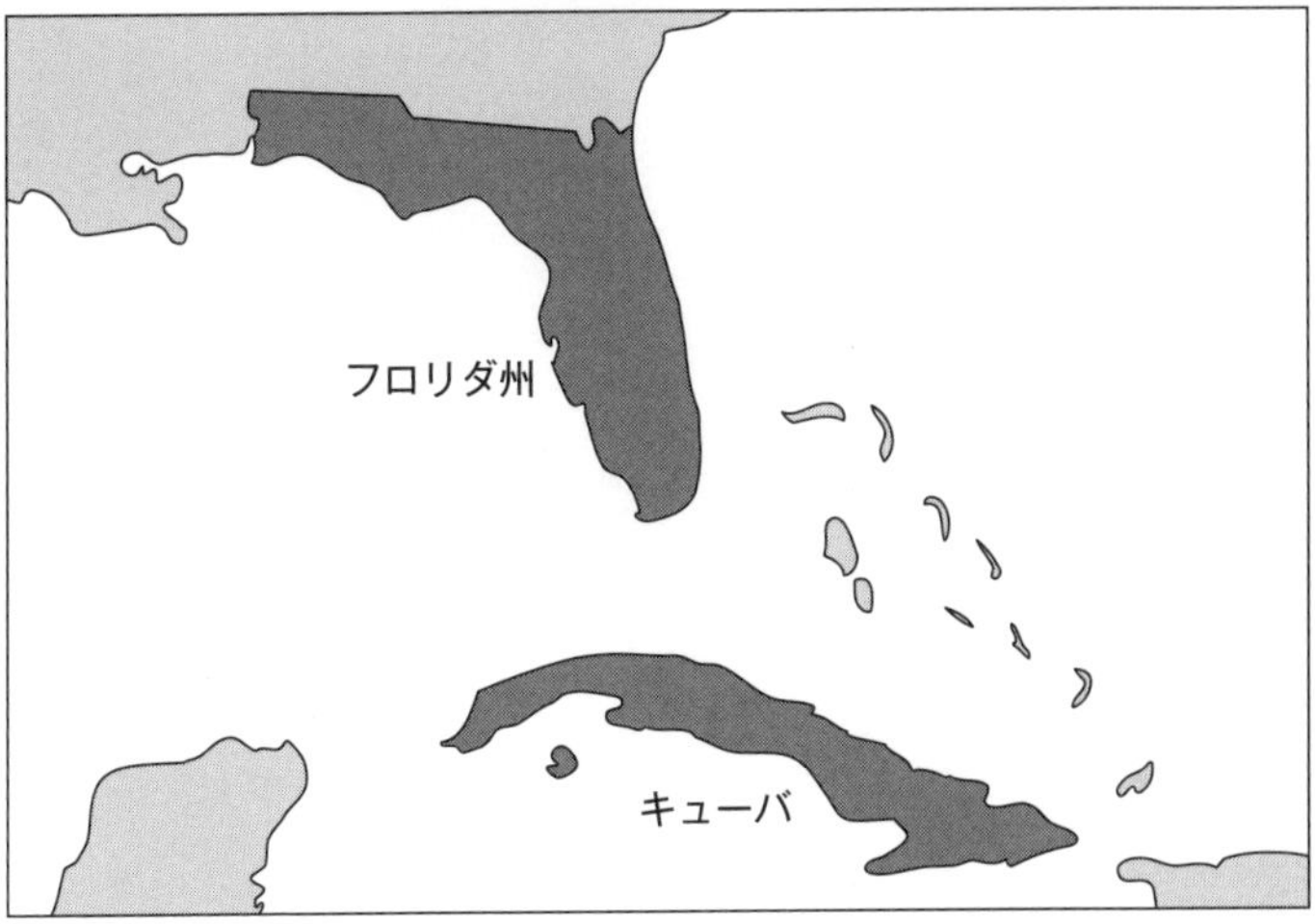

様、ブリンケン国務長官が訪中する直前の出来事です。偶然で片づけることはできず、何か意図があるように思えます。一応、スパイ気球問題を習近平は承知していなかったと報じられてはいますが……。

この報道に対し、国家安全保障会議報道官のジョン・カービィは、報道の前夜の取材に「詳細はコメントできないが、中国の軍事目的に利用可能なインフラ投資を監視し、必要に応じて対応している」と回答。翌日には「この報道は正確ではない。我々は、自国とこの地域におけるすべての安全保障上の約束を果たすことができると確信している」と言及しています。

国防総省報道官パット・ライダーも「中国とキューバが個別に如何なるタイプのスパイ

基地を建設しているかどうか把握していない」と、報道を否定しています。

ところが4日後、突如として〝物語〟が変化します。

トランプ政権のころからの問題だと言い始めたのです。ブリンケン国務長官は「2019年に中国がキューバの諜報収集施設のアップグレードをした」と話し、カービィ報道官も「今に始まったことではない」と、4日前の否定発言と打って変わっています。

トランプ前大統領もジョン・ラトクリフ元国家情報長官代行も、トランプ政権下からの出来事であるという報道を否定しています。

また、6月20日には再び「ウォールストリートジャーナル」が、中国とキューバが合同軍事演習用の施設の建設で交渉していることが報じられていて、人民解放軍の海外拠点になる危険性が指摘されています。

どちらにせよ、1962年の「キューバ危機」を彷彿《ほうふつ》とさせるような出来事であり、マイク・ギャラハー議員が「新冷戦が再び我々の目の前に迫っていることを思い知らされる」と語るように、決して良い兆候ではありません。スパイ気球の件と合わせて考えると、中国によるアメリカに対する〝直接的な〟挑発行為がエスカレートしているように見えます。

すっからかんの戦略石油備蓄

中国に限らず、どこかしらの国とアメリカが戦争になった場合、アメリカはどうなるのか？

実は、現在のアメリカは長期間戦う能力がありません。経済的にも軍事的にも世界最高位なのは変わりませんが、その巨大経済を回すための血液とも言える〝石油〟がすぐに底を尽きる可能性があるのです。

各国は戦争や激甚災害で石油の供給がストップしてもいいよう石油を備蓄していて、これを戦略石油備蓄と呼びます。アメリカの最大備蓄量は約7億バレルです。

２０２１年の推計で、アメリカは経済活動のため、１日に１９７８万バレルの石油を消費しているとされています。

執筆段階のアメリカエネルギー情報局の最新データによると、２０２３年6月時点で3・47億バレルが貯蔵されていて、17・5日分しかありません。つまり、アメリカは有事の際に3週間さえ経済活動を維持することができないのです。これは１９８３年8月以来のかなり低い数字。

戦略石油備蓄の在庫量

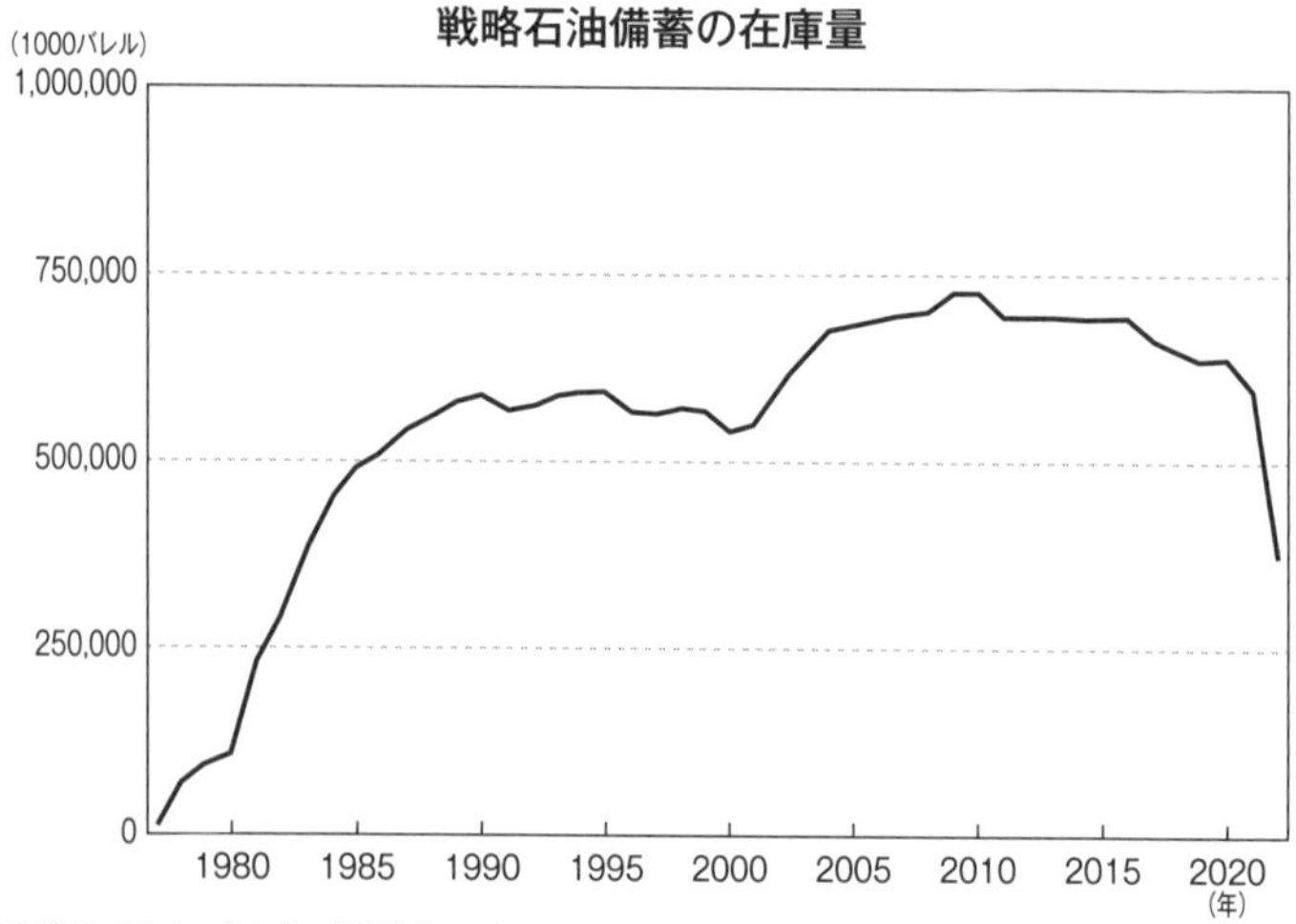

出所：アメリカエネルギー情報局(https://www.eia.gov/dnav/pet/hist/LeafHandler.ashx?n=pet&s=mcsstus1&f=a)

一方、トランプ政権下では6・3億〜6・9億バレルが常に確保されていて、31・8日〜34・8日分が常備されていましたので、いかにバイデン政権下の戦略石油備蓄が異常な少なさかが分かると思います。

戦略石油備蓄は国家の生命線。国家安全保障に関わる重要なものが、前政権から半分近くまで急減した理由は政治的なものです。

なぜ戦略石油備蓄が急減したのか？

なぜ、ここまで戦略石油備蓄が減っているのかというと、バイデン民主党の政治的理由です。第1弾書籍でも言及しましたが、2022年中間選挙を前に、バイデン政権は空前の高インフレに悩まされていました。202

1年11月に戦略石油備蓄の放出を発表し、原油価格の抑制を狙ったのでした。

バイデン政権は「ロシアのウクライナ侵攻が原因の原油高だ」と主張していました。ロシアのウクライナ侵攻以降、原油価格が高騰したのは事実。しかし、バイデン政権発足直後から、原油価格の上昇が始まっていました。理由は「脱炭素」政策をバイデン政権が推し進めていたから。選挙を前に困ったバイデン政権は、OPEC主要メンバーのサウジアラビアに泣きつく有様でしたが、どうにもなりませんでした。

戦略石油備蓄は国家安全保障に関わる重要なものであり、再貯蔵する必要がありますが、自家用車に給油するようなお手軽な話ではありません。

「ブルームバーグ」は2023年7月17日"Massive US Oil Caverns Sit Empty and Will Take Years to Refill"（米国の巨大な石油洞窟は空っぽで、再充塡《じゅうてん》には数年かかる）で、問題点を指摘しています。

まず、戦略石油備蓄の放出前の平均原油価格は29・7ドル／バレルでしたが、報道のあった7月時点で70ドル、執筆段階では90ドルを超えています。とてつもないコスト増になるのです。

また、戦略石油備蓄のために大量に原油を購入すると、それだけ市場から原油がなくなることを意味し、原油価格の高騰に繋がりかねません。そのため、ゆっくりと「再充塡に数十年近くかかるだろう」と指摘しています。バイデン政権の身勝手な行動は、今後しばらく尾を引くことになります。

国家安全保障を中国に売り渡したバイデン政権

２０２１年11月23日、ホワイトハウスは最初の５０００万バレルの原油放出を発表しました。その後、戦略石油備蓄の放出量は中間選挙が近づくにつれエスカレートしていき、現在に至ります。

第１弾書籍でも紹介しましたが、この戦略石油備蓄の放出は、〝偶然〟にも、バイデンの息子ハンター・バイデンとその仲間の利益になるような仕組みになっていました。

戦略石油備蓄の放出というのは、競売で石油販売会社に売り渡すということ。売却先の１つに「Unipec」という会社がありました。これは中国の国営エネルギー企業「Sinopec」がアメリカに持つ子会社。「Sinopec」はハンターの関与している「Bohai Harvest RST Partners」という投資会社から約17億ドルの出資を受けているのです。

ハンターは「Skaneateles LLC」という会社を通じ、「Bohai Harvest RST Partners」の10％の経営権を持っていましたが、代理人弁護士によると、経営権は放棄したということでした。

ところが、複数のメディアがハンターが経営権の放棄をした形跡が見られないことを報じ、2023年4月28日には「ブライトバート」により、経営権はケビン・モリスに移譲されていたことが明らかにされました。

モリスはカリフォルニア州拠点の著名弁護士で、ハンターの「シュガーブラザー」と呼ばれるほど親密な仲。ハンターはウクライナのガス企業ブリスマからの収入などを申告しない脱税をしていて（なぜか脱税でいまだに逮捕されていませんが）、追徴課税を含め、200万ドル以上を支払っています。実はこの莫大な支払いはモリスが肩代わりしていたのです。

「ブライトバート」が入手した「Skaneateles LLC」の内部文書によると、モリスに権利が移譲されていたことが明らかになり、時価総額で約300万ドルに相当します。

戦略石油備蓄の放出はアメリカだけではなく、たとえば日本もバイデン政権の要請（指示命令）を受け、実施しましたが、バイデン政権の説明では中国も応じるはずでした。11月24日に中国外務省は、「戦略石油備蓄の放出の調整をしている」と発表していましたが、2022年2月27日に「ロイター」の報道で、放出どころか、戦略石油備蓄を増やしていたことが明らかにされました。

また、政府監視団体Americans for Public Trustが情報公開請求で入手したエネルギー省長官ジェニファー・グランホルムのスケジュールによると、２０２１年11月21日に中国国家エネルギー管理委員会委員長の章建華と約30分間の電話会談をしていたことが判明。バイデン政権が戦略石油備蓄の放出を発表する２日前の出来事です。おそらく事前に調整をしたけれども、中国にしてやられたのでしょう。ちなみに、章建華は「Sinopec」の取締役をしていた経歴もあります。

崩れた文民統制

「ワシントンポスト」のジャーナリストのボブ・ウッドワードとロバート・コスタが２００人以上の政府関係者の話や資料をもとにした『Peril（危険）』が２０２１年９月21日にアメリカで発刊された。

基本的にはトランプ前大統領のことをボロカスに言うことが目的の本ですが、その中にとんでもないことが書かれていました。

なんと米軍制服組トップのマーク・ミリー統合参謀本部議長が、中国中央軍事委員会統合参謀部参謀長の李作成と秘密裏の電話会談をしていたというのです。トランプ憎しの

〝トランプガー〟の連中は、なんでもかんでも「トランプが悪い」で片づけていますが、文民統制の原則を無視したあり得ないことです。

電話会談は2度行われ、2020年10月30日と2021年1月8日。10月30日は大統領選挙の直前、1月8日は1月6日議事堂襲撃事件の直後です。

電話会談では、中国に対して軍事行動をする意思はないこと、仮に軍事行動をする場合は、事前通達をすること、1月6日事件後にはアメリカは安定していて、中国の脅威になるようなことはない、などが伝えられていたということです。また、トランプ前大統領が核兵器を使用しないよう、米軍上層部内で根回しをしていたことが明らかにされています。

国防総省報道官は2回の電話会談の存在を認めていて、2021年9月17日にAP通信の取材にミリー本人は「完全に職務の範囲内だ」と主張し、米軍最高司令官のトランプ前大統領に知らせずに実施されていたことも認めています。

9月28日には上院軍事委員会の公聴会で説明を求められ、「中国側に、アメリカが軍事行動をしてくる可能性を示す諜報情報があったため」と説明しています。「アクシオス」の報道によると、2020年10月30日の電話会談はマーク・エスパー国防長官経由で調整され、書記官を含む15人くらいの関係者が出席していたということです。

ところが、2021年1月8日の電話会談に関しては、当時の国防長官代行クリストファー・ミラーは「許可していない」と証言しています。ミラー国防長官代行が嘘をついている可能性もありますが、仮に嘘ではない場合、米軍トップが勝手に外交をしていたことになります。米軍のトップであり、外交官ではありませんので、ミリーの言い分は理解に苦しみますし、米軍の軍事力を背景にした圧力外交を台無しにするもの。

中国の本心は不明ですが、アメリカは中国と本気で戦う気がないことは明らかではないでしょうか。

アメリカは経済的には中国に攻撃的な態度をとる一方、軍事的には及び腰になっています。

3 台湾有事、日本は何をすべきか

台湾侵攻の可能性

中国が台湾を侵攻するのか……。

諜報機関職員じゃあるまいし、表面的な情報しか得ることができない素人に分かるわけがありません。そこで、ある一定の諜報情報や、最新の情報を持つ政府関係者や軍関係者、それらの人々とパイプを持つようなシンクタンクの発言に注目するべきです。

一般論で言うと、中国が台湾侵攻をした場合、ロシアのような相当な制裁を受けることが予想されます。各国経済と深い結びつきを持つ中国とはいえ、ある程度の覚悟を持っての台湾侵攻でしょうから、事前に制裁を受けても問題がないような準備を整えるでしょう。ＢＲＩＣＳを中心にした関係強化と、中東との協力関係の構築はその準備に見えなくもありません。

ただ、習近平が独裁体制維持のために、何をするか分かりません。習近平といえば、２０２２年10月に異例の３期目の国家主席続投が正式に決まり、４期目がどうなるかは、２０２７年に決まります。

「中国経済は崩壊する」と言われ続け、はやうん十年。２０２３年になり、狂った非科学ゼロコロナ政策の反動をモロに受け、若者の失業率が20％を超えていることを中国政府が認め（本当は40％を超えているとも言われる）、中国国民の不満はいつ爆発してもおかしくない状態と思われます。ガス抜きのためにも、何かしらの成果を国民に示す必要がありますが、それが台湾統一ではないかとも囁《ささや》かれています。

もし私が就職活動に苦労していて、明日食うものにも困っているような中国人の若者だったら、「台湾統一とか、中国の核心的利益とかどうでもいいから、それよりちゃんとした暮らしをできるようにしてくれ」と思うような気がするのですが……。このあたりは洗脳教育の成果が出るかもしれませんね。

「台湾有事は日本有事」という言葉が浸透してきているように、中国の台湾侵攻の可能性は日本にとっても注目すべき重要なことです。

本章で紹介してきたとおり、米軍は内部崩壊を始めていて、台湾有事に対応できるかどうかは分かりませんが、どのようなシナリオが予想されているのでしょうか。

曖昧なアメリカと台湾の関係

本題に入る前に、そもそもアメリカ政府としての中国と台湾の関係の政策はどうなのか、バイデン政権やアメリカ議会の見解はどうなのかを整理しておきます。

元々アメリカは、蔣介石率いる台湾の国民党を支持していましたが、1972年にニクソン大統領が訪中、1979年にはアメリカと台湾は断交しています。

それ以来、アメリカ政府の基本政策は①“Strategic ambiguity”（戦略的曖昧《あいまい》さ）であり、

②“One China Policy”（1つの中国政策）です。

①“Strategic ambiguity”（戦略的曖昧さ）

あえて曖昧な姿勢を示すことで、中国にも台湾にも寄りすぎないようにしています。これは中国が台湾侵攻した際に、アメリカが軍事介入するかどうかを不明確にすることで、中国による台湾侵攻を抑止することが1つの狙いです。同時に、台湾に近づきすぎないことで、台湾の独立宣言をさせないようにすることも狙いです。

1979年にアメリカで成立した「台湾関係法」には、アメリカの台湾に対する武器供与のような軍事支援は規定していますが、防衛義務は盛り込まれていません。

②“One China Policy”（1つの中国政策）

アメリカは台湾の独立を支持しているようにみえますが、アメリカ合衆国として公式見解は「“One China Policy”（1つの中国〝政策〟）」です。

対して中国は、台湾を自国の一部と主張していて、これを“One China Principle”（1つの中国〝原則〟）と呼びます。

中国の「1つの中国原則」は、「Ⓐ中国はただ1つ　Ⓑ台湾は中国の一部　Ⓒ中華人民共和国は中国を代表する唯一の合法政府」というものです。

アメリカの「1つの中国政策」とは、Ⓐと Ⓑを "Acknowledge"（認識）し、Ⓒを "Recognize"（承認）するというもの。

Acknowledge（認識）とRecognize（承認）は、法律的にはAcknowledge（認識）のほうが弱い表現で、「主張は把握していますが、反対はしません」というようなニュアンスです。

アメリカ議会では2022年に下院議会、2023年に上院議会に "Taiwan Protection and National Resilience Act"（台湾の保護および国土強靭《きょうじん》化法）が提出されています。中国の台湾侵攻に対して、アメリカ政府が迅速で有効な制裁等をできるように準備をする法案ですが、経済制裁が主な内容です。「1つの中国政策に変更はない」という文言が盛り込まれ、「軍事行動を許可しない」という文言も盛り込まれています。アメリカ議会は、共和党も民主党も関係なく、総じて台湾支持の姿勢を見せていますが、重要なところ（法整備）では、曖昧さを残しているのです。

バイデンはさまざまな場で、ときには日本の記者会見でも「中国が台湾侵攻した場合、アメリカは軍事的関与をする」と明言したり、質問にそのような趣旨のかなり踏み込んだ返答をしています。そのたびに、ホワイトハウスから「1つの中国政策に変更はない」と補足の声明が出されています。

このような「戦略的曖昧さ」により、中国・台湾どちらも一線を越えないようさせていました。しかし、40年前と現在では状況が異なります。中国の軍事的能力が、曖昧さだけでは誤魔化しきれないところまで成長したのです。

2022年3月、バイデン政権の発表した国家防衛戦略では、対中国を睨《にら》んだ"Integrated Deterrence"（統合抑止力）という新しい概念が発表されました。軍事力だけでなく、外交圧力・経済制裁・情報戦・同盟国との連携など、あらゆる手法を用いて国際秩序の安定を狙うとされています（今も昔も、一番国際秩序を乱しているのはあなた方アメリカさんですけどね……）。

地域紛争大好き国家アメリカが、中国を最大限に刺激（誘導）する合図は、戦略的曖昧さ・1つの中国政策を見直すことかもしれません。

台湾侵攻は〝いつ〟起きるのか

中国による台湾侵攻があった場合、日本にも多大な影響があります。ウクライナ戦争のように、原油や食品価格の高騰という間接的な影響ではなく、戦闘行為に巻き込まれる

〝直接的な〟影響が出る可能性は否定できません。それがいつになるかはさまざまな意見があります。

①CIA長官：2027年説

CIA長官ウィリアム・バーンズは、2023年2月2日にジョージタウン大学のイベントで「習近平が2027年までに、台湾侵攻の準備を整えるよう、人民解放軍に命令を出した諜報分析がある」と発言しました。2月26日にはCBSニュースのインタビューでも同様の発言をしました。バーンズ長官は「2027年やそれまでに侵攻すると決めたという意味ではない」と補足し、「少なくとも我々の判断では、習近平と人民解放軍トップは現時点で、台湾侵攻を成し遂げられるかどうか疑問を持っていると思う」とも話しています。

2月2日といえば、中国スパイ気球の真っただ中。2月26日は、スパイ気球問題が尾を引いているころであり、わざわざこのような発言を公の場でしたのは、中国に釘を刺すのとアメリカ企業に中国から撤退するように促す狙いがあったのではないでしょうか。

②アメリカ空軍司令官：2025年説

２０２３年１月27日、ＳＮＳにとある米軍内部文書が流出し、大きな話題になった。作成者はアメリカ空軍航空機動司令部司令官のマイケル・ミニハン。２０２３年２月１日付で軍内部で回覧する予定だったと思われる文書で、表題は「２０２３年２月の次の戦闘に向けた準備命令」です。

文書の冒頭は"I hope I am wrong."（私は間違っていると思いたい）で始まり、「私の本能が２０２５年に戦闘があると感じている」と続きます。「習近平が国家主席３期目を決め、２０２２年10月に戦争評議会を設置、台湾の総統選挙が２０２４年１月にあり、それは習近平に侵攻の理由を与えることになるかもしれない。アメリカの大統領選挙が２０２４年にあることは、習近平に気の抜けたアメリカを与えることになる」、そして、「習近平のチーム、理由、チャンスは２０２５年に揃っている」と指摘し、「２０２２年は勝利のための基盤づくりに費やしてきた。２０２３年は、その基盤の上で、キビキビとしたオペレーションを展開するつもりだ」として、内部文書は２月〜４月にかけての簡単な計画などが続きます。

１月29日、Ｆｏｘニュースに出演した共和党マイケル・マコール下院外交委員会委員長は２０２５年台湾侵攻説を「残念ながら正しい話だと思っている」とし、「中国は台湾総統選に介入し、成功すれば銃を持たずに台湾は香港のようになるだろう」と話しています。「介入が成功しなければ、軍事的侵略を目の当たりにすることになる」とも話しています。

台湾総統選挙は、2024年1月13日に投票日を迎えます。現職の蔡英文総統は任期制限を迎えるため出馬できません。一時期、第3勢力の台湾民衆党から出馬している元台北市長の柯文哲が、民進党の蔡英文総統の後継者の頼清徳副総統や最大野党の国民党の候補である侯友宜を抜き、世論調査で支持率トップに躍り出たことで話題になりました。執筆段階では民進党候補の頼清徳が安定して支持率トップを維持していますので、台湾の親米反中体制が変わることはないと思われます。つまり、マコール議員の言う「中国の選挙介入が失敗する」ことを意味し、軍事的侵略の可能性が否定できなくなるのです。

③元インド・太平洋軍司令官：2027年説

米軍インド・太平洋軍司令官のフィリップ・デービッドソンは、2021年3月9日の上院軍事委員会の公聴会で「台湾は明らかに彼らの野望の1つだ。その脅威はこの10年間、実際には今後6年間で顕在化すると思っている」として、2027年までに台湾侵攻をする可能性を指摘しています。また、中国は2050年までに軍事力でアメリカを抜くことを目指していることに関しては、早く実現してしまうことを懸念していることも明らかにし、中国の軍事力強化の早さに警戒感を示しました。

ＮＨＫがデービッドソン本人に取材をし、その真意を聞いています。

「人民解放軍は、米諜報機関の分析よりも速いペースで兵器を開発している。これに習近平の任期をあわせて考えると、この時期が特に重要になる」

習近平の3期目の任期は２０２７年に終わります。それまでに歴史に残る「政治的な成果」として、中国共産党の悲願である「台湾統一」を狙うのではないかと見ているのです。

台湾侵攻が早まる可能性

有名な3つのシナリオを紹介しましたが、２０２５年～２０２７年の間に台湾有事が起こるかもしれません。

これが早まるのではないかと指摘する意見もあります。マイク・ギャラハー米・中国共産党戦略競争に関する下院特別委員会委員長は、中国の不動産分野の危機的状況と、中国の若者の深刻な失業率の内部要因が、習近平の計画を早める可能性があると指摘しています。２０２３年8月23日の「エポックタイムズ」のインタビューに対し、「おそらく習近平は、台湾を武力で奪取するスケジュールを早めたのだろう。その理由の1つは、自国内の経済問題から国民の目をそらすためであり、また、今後5年間は習近平以上にチャンスをつくることができないと彼ら（中国共産党）は考えているだろう」と話しています。

この意見に賛同しているのがジャーナリストのゴードン・チャンです。「Newsweek」に2023年8月14日に寄稿した"Xi Jinping Is Preparing China for War"（習近平は中国に戦争の準備をさせている）でその根拠として、人民解放軍の内部で起きている変化をあげています。

中国の核兵器を扱うロケット軍の司令官やその補佐官、政治委員など、重要人物が次々と更迭・行方不明・自殺をしたなどと報じられたのです。中国国防省報道官は8月31日の会見で「事件はすべて調べ、腐敗はすべて罰する」と、幹部が姿を消していることに関して、このように答えました。汚職を理由に更迭したことを認めたのです。

9月14日には「フィナンシャルタイムズ」が、中国国防大臣李尚福が解任され、捜査を受けていることを報じました。8月29日に北京で開催されたイベントで演説して以来、動静が途絶えていました。

習近平は自らを支持する人物の汚職は容認していることは知られていますので、汚職が本当の理由であるとは誰も信じていません。何かの理由で習近平の怒りを買い、消されたと考えるのが自然です。

チャンは「戦争に反対している高官を排除している可能性がある」と指摘しています。「国内問題を解決する術のない習近平に残されている道は、外部で危機を引き起こすことで、国民の目を逸らすしかない」とも。

元空軍将軍で、李先念国家主席の娘婿の劉亜洲が死刑判決を言い渡されていることにも触れています。罪状は重大な金融腐敗に関与したということですが、劉亜洲は「中国の台湾侵攻は失敗する」という論文をまとめ、習近平の逆鱗に触れたと言われています。

元国家主席の親族であろうと関係なしに、台湾侵攻に反対するものを徹底的に排除しているのです。そういえば、２０２２年10月22日、胡錦濤国家主席が追い出されたことが話題になりましたが、わざわざメディアが入ってからやっていたことから、見せつけたと言われていますね。

カナダの元中国外交官でオタワ拠点のシンクタンクMacdonald-Laurier Instituteに所属しているチャールズ・バートンは「ロケット軍の司令官や政治委員の異常な粛清は、人民解放軍内部で習近平に対する深刻な不満があることを示している」と指摘しています。バートンも習近平の国内・外交政策の失敗、特に経済崩壊が、軍事侵攻を早めるきっかけになりかねないと警鐘を鳴らしています。

２０２２年８月にナンシー・ペロシ当時下院議長が台湾訪問して以来、中国とアメリカの軍事的協力関係は急激に悪化しました。

アメリカは中国政府に米軍と人民解放軍の間の直接連絡の再開を求めていますが、２０２３年６月にブリンケン国務長官が訪中した際、中国側は拒否。同月にシンガポールで開かれたアジア安全保障サミットでは、国防大臣はオースティン国防長官と会談することすら拒否しています。

台湾有事、勝つのはどっち？

実際に台湾侵攻があった場合、どのような結果が待っているのか。

戦争が起きたことを想定したウォーゲームが米軍やシンクタンクなどで実施されています。

ウォーゲームとは、机上演習とも呼ばれる軍事シミュレーションです。自軍の欠陥・弱点を見つけることが目的の１つですので、仮想敵国の能力を高めに設定して実施されることもありますが、機密部分が多いためにはっきりとは分かりません。あくまでも机上の理論であることを前提に、アメリカから出ている対立する２つのシナリオを紹介します。

①２０２０年秋実施のウォーゲーム

米軍は中国の台湾侵攻を想定したウォーゲームを定期的に実施していますが、機密扱いとして一般公開されないこともあります。

２０２１年3月10日、「ヤフーニュース」が"We're going to lose fast': U.S. Air Force held a war game that started with a Chinese biological attack"（「速攻で負ける」：米空軍、中国の生物兵器攻撃から始まる戦争ゲームを実施）で、記事タイトルどおりの衝撃の結果を報じた。

コロナパンデミックにより、太平洋地域に展開していた原子力空母セオドア・ルーズベルトは、コロナ陽性反応が出た乗組員を大量に下船させ、２０２０年4月2日の報道では、４８００人の乗組員のうち、約２７００人を下船させる見通しが報じられるなど、安全保障に大きな穴をあけることとなった。

米空軍は２０２０年10月に、中国軍が生物兵器を使用することを想定したウォーゲームを実施。

起こり得るシナリオはこうです。

まず、インド・太平洋地域にある軍事基地・戦艦に生物兵器をばら撒《ま》く。混乱が起きている最中、台湾周辺で大規模な軍事演習に見せかけ、侵略部隊を配置。沖縄とグアムにある米軍基地と台湾周辺に展開している米海軍に対してミサイル攻撃を皮切りに、一気に台湾を制圧するというものです。

「ヤフーニュース」のインタビューに応じた空軍中将クリントン・ハイノートは、「米軍が方針を変えない場合の決定的な答えは、我々は急速に敗北するということだ」と話します。

ウォーゲームで見つかった米軍の脆弱性《ぜいじゃくせい》は2つありました。

1つ目が「電子戦能力の差」です。通信・索敵・ミサイルの誘導など、すべてに電磁波が使われますが、この電磁波を利用・妨害するのが電子戦です。

近年のアメリカが戦争をしてきた相手はイラクやアフガニスタンのような、先進国ではない国ばかりで、電子戦において、アメリカは常に優位でした。そのため、アメリカが「テロとの戦い」と言っていた約20年間は、電子戦技術において「失われた20年」とも呼ばれていて、その間に、中国やロシアに追い抜かれている可能性があるのです。

国防総省は、中国やロシアが電子戦において有利になれるよう、多額の投資をしていることを指摘していて、アメリカの電子戦の脆弱性を把握されている可能性があることを懸念しています。

２つ目の理由が、米軍戦力の集中です。

ミサイル技術が向上し、現在は極超音速ミサイルというマッハ5を超え、変則軌道を描くことも可能なミサイルが開発されています。中国はすでに極超音速ミサイルの開発に成功していて、さらに中距離弾道ミサイル〝東風21〟も配備しています。

東風21を大量に発射する「飽和攻撃」をした場合、ミサイルの迎撃が間に合わないと想定されます。これを沖縄・グアムの米軍基地、空母に実施し滑走路を破壊すれば、米軍の台湾救援は困難になり、中国に制空権を握られることになるのです。中国は台湾侵攻時に米軍を無力化する能力を持っていて、米軍の戦力が基地と空母に集中していることが、米軍の脆弱性になっているのです。

また、ミサイル技術の向上が、台湾防衛を難しくしていることからも、次章で紹介する半導体規制の重要性が分かるのではないでしょうか。

このような脆弱性から、２０２０年に実施されたウォーゲームでは、中国が台湾侵攻を成功させる結果が出ていました。

②２０２２年8月実施のウォーゲーム

アメリカのシンクタンクCenter for Strategic and International Studies（CSIS）が２０

CSISウォーゲームの平均被害想定

	戦闘期間	米空軍戦闘機	日本空軍戦闘機	中国空軍戦闘機	米海軍戦艦	日本海軍戦艦	中国海軍戦艦
楽観的	7日	200	90	18	8	16	129
基本	14日	270	112	155	17	26	138
悲観的	21日	484	161	327	14	14	113

※文字数の関係上、自衛隊を軍と表記しています

22年8月5日に実施したウォーゲームの報告書“The First Battle of the Next War”（次の戦争の最初の戦い）が2023年1月に公開されました。

2026年に中国の台湾侵攻が起きることを想定したものですが、24回の軍事シミュレーションは、24回“すべて”で、台湾侵攻は“失敗”し、台湾の独立は変わらないという結果でした。

喜ばしいことのように思えますが、報告書の内容はそうも言えないものでした。

まず、中国の台湾侵攻に伴う戦争は、「ウクライナモデル」は適用されません。ウクライナモデルとは、米軍やNATO軍は直接戦闘に関与せず、軍事支援を続けることで、間接的に戦闘に関与することです。つまり、長

引くことはありません。

ウォーゲームでは、楽観的シナリオ、基本シナリオ、悲観的シナリオに基づく平均戦闘期間、平均被害想定を出しています。

平均戦闘期間は、楽観的シナリオで7日間、基本シナリオで14日間、悲観的シナリオで21日間です。少なくとも1カ月以内で決着がつく可能性があるということです。

戦闘による被害想定は図のとおりですが、ご覧のとおりで日本も台湾防衛に直接参戦し、ある一定の被害が出ることが想定されています。24回の軍事シミュレーションのうち、19回は日本が台湾防衛に直接参戦することが前提に組み込まれています。

また、台湾が降参せず、徹底抗戦することが前提条件になっているため、どれだけ台湾軍を強化できるか、台湾国内の対中感情をまとめることができるかもカギになってきます。

台湾侵攻で暴落する世界経済

中国が台湾侵攻をすることは世界経済に大きな影響を与えることになります。

独立調査会社Rhodium Groupが２０２２年12月14日に公開した"The Global Economic

Disruptions from a Taiwan Conflict"（台湾紛争による世界経済の混乱）によると、控えめに見積もっても1・6億ドル規模の経済損失が発生することが予想されています。

この1・6億ドルという数字は、台湾が世界の92％の10nm以下の高性能半導体を製造していることから推計したものです。

ここから派生するセカンドインパクトでさらに数兆ドル規模が上乗せされるとみられています。

「半導体不足による、完全な社会・経済的影響を計ることはできないが、壊滅的であることは間違いない」とも指摘しています。

中国側への影響の試算も出していて、制裁の有無に関係なく、戦闘が始まったことにより、約2700億ドル規模の貿易がストップすると予想されています。

リスクを嫌う国内・海外投資家の資金が中国から流出し、人民元が下落、海外からの輸入に影響が出ることもあり得ると指摘。西側諸国による制裁を警戒する投資家が、中国国債を一斉に手放す可能性もありますが、このようなことは中国政府も想定しているでしょうから、政府による何かしらの規制が発表される可能性も指摘されています。

2023年6月21日にアメリカ台湾ビジネス会議とシンクタンクProject 2049 Instituteが公開した共同報告書によると、中国の台湾侵攻発生時、アメリカの経済だけでなく、国家安全保障にも影響が出る懸念があります。

この報告書も台湾の最先端半導体が不足する影響に触れ、アメリカのGDPが5～10%減少し、2022年度実績で考えると、1・2兆ドルから2・4兆ドルの経済損失が出ると見込まれます。

株式市場にも深刻な影響があり、ダウジョーンズが37%下落、S&P500が34%下落すると見込まれ、コロナショックを越える可能性があります。「台湾は最も重要な技術エコシステム全体に繋がっている」ため、世界全土の経済に大混乱をもたらすとされているのです。

また、米軍の最新鋭戦闘機などは、台湾と韓国の半導体に頼りきっていたので、報告書では米軍の装備に影響が出ることによる、国家安全保障への悪影響も指摘しています。

ものすごく簡単な言葉でまとめると、中国の台湾侵攻で良いことは何もないということです。

侵攻に備えて日本ができること

日に日に現実味を増している中国の台湾侵攻についてまとめてきました。

CSISのウォーゲーム報告書からも明らかなとおり、台湾の独立を守るためには、日本の自衛隊も戦う必要があります。日本人が血を流すことになるかもしれないのです。

6月には、習近平が沖縄を意識する発言をしたことで話題になりましたが、6月3日にシンガポールで浜田防衛大臣が李尚福国防大臣に尖閣諸島の懸念を伝えたところ「長期的、大局的に捉えるべきことだ」と反論されたと報じられていますので、すぐに何かしてくるわけではないと思いますが、習近平の次に現れる怪物が狙ってくるかもしれません。台湾で起きることを、対岸の火事だと思っていては、私たちの未来の世代に大きな問題を残すかもしれないのです。

共和党大統領候補者の1人、ビベック・ラマスワミーはアメリカの台湾防衛に関して興味深い発言をしています。

「アメリカは台湾を2028年〝までは〟防衛する」

その理由を「アメリカが半導体産業で独立することができるまで」と言っているのです。

詳しくは次章で紹介しますが、アメリカは半導体国産化に注力しています。これは、アメリカにとっての台湾の重要性を薄めていくことになっているのですが、やがて台湾防衛の構図が変わってくるかもしれません。日本の役割が大きくなる、つまり日本が対中国の前面に立たされる可能性が高いということです。そうなれば、日本と台湾は、アメリカの後方支援をもとに多くの自衛隊員が血を流す最悪の事態も想定しなければなりません。

そんな中、2023年9月23日の「産経新聞」のとある記事に衝撃を受けました。国防ジャーナリストの小笠原理恵さんが「自衛隊の高速道路代問題」に進展があったことに言及していた記事です。

自衛隊の装備・弾薬不足、施設の老朽化は知っていましたが、自衛隊予算の「運搬費」不足により、災害救助時を除き、予算上限を超えた場合に〝自腹〟で高速道路料金を支払っていたというこの衝撃的な事実は初めて知りました。

自衛隊員は揺れの激しいトラックの荷台に座り移動することが多く、空調もないため、夏場は過酷な暑さに晒され、冬場は寒さに耐えながらの移動になります。運搬費予算が底を尽けば、少しでも移動時間を短縮するため、高速道路代を自腹で出していたが、規則で禁止に。

2024年度予算案でようやくこの問題に対応し、「必要な運搬費」が要求されています。

驚きなのが、この問題は2018年時点で小笠原さんが指摘していたのです。

小笠原さんは記事最後で映画「ランボー」のセリフ「俺たちが国を愛したように、国も俺たちを愛してほしい」を引用し記事を締めくくっていますが、まさに今の日本に必要な言葉ではないでしょうか。いくら防衛費を増額しようとも、国を文字どおり「命がけ」で守ってくれる自衛隊員に対する敬意を示すことができなければ、日本の国防は成り立たなくなります。

米軍が悲惨な状況であることを紹介しましたが、自衛隊も同様です。令和4年度の自衛官候補生の募集は目標の6割程度しか集まらず、直近で最も達成率の低かった平成30年の目標達成率72％を大きく下回る結果になっています。あからさまなアメリカの圧力（命令）があったとはいえ、ＬＧＢＴ法案強行というくだらないことをしている自民・公明連立政権のままで、本当に日本を守ることができるのでしょうか。日本を再び偉大な国にできるのでしょうか。

台湾有事の可能性が高まる今、日本国民1人ひとりが真剣に考えることが必要なときです。

第3章

経済ではズブズブな米中関係

1　米中半導体戦争

バイデンがこぼした中国への〝本音〟

アメリカと中国の関係は冷え込んでいて、「新冷戦」などとも呼ばれています。アメリカは表向きは中国に対する強硬姿勢を見せていますが、どうしても頭から離れないバイデンの発言があります。

執筆段階の2023年9月時点で、バイデンは洒落にならないレベルで老いぼれています。正常な判断能力があるとはとうてい思えないですし、冗談抜きで日本だったら免許返納を推奨されるレベルだと思っています。

そんなバイデンですが、就任直後は〝まだ〟マシでした。2021年2月16日、ウィスコンシン州でCNN主催のタウンホールイベントが生中継され、今では考えられない長時間の生放送にバイデンが出演。タウンホールイベントとは、住民が直接出演者に質疑応答をすることができる場です。

バイデンは就任以降、プロンプター（台本）を読むだけの会見しかほとんどしてきていません。トランプ前大統領のように、フリーでなんでも質問の受け答えをする会見はほぼしていません。やったとしても事前に誰を指名するかが決められていて、フリーでも何でもないものであり、ホワイトハウススタッフからどれだけ信用されていないかが分かるでしょう。常に誰かが見張っていないと、何をしでかすか分からないのです。これが大統領ですよ……。

この生中継で耳を疑うようなとんでもない発言が飛び出していたのです。番組の後半で、不法移民問題に関しての話題が中国のウイグル弾圧問題に波及。バイデンは2月10日に中国の習近平主席と電話会談をしたばかりでした。

司会アンダーソン「（会談で）中国のウイグル問題は取り上げましたか？　中国の人権弾圧問題をどう考えていますか？」

この質問に対するバイデンの回答がこうです。

「中国の歴史を知っていれば分かると思うが、中国が統一される前は外国からの脅威に常に晒されてきた。習近平の考えは中国は厳しく管理され、統一されているべきというもので、彼はその考えを基に行動している。私は習近平にこう指摘した。アメリカの価値観を反映できないものは、誰もアメリカの大統領になることはできない。だから、私は彼が香港でやっていること、ウイグルでやっていること、西部山岳地域（チベット）でしていること、台湾の1つの中国政策（原則）の強硬に関して何か言うつもりはない。彼は私の真意を理解してくれたようだった。それぞれの国は独自の文化を持っているから、その国の指導者はそれに従うべきであるのだ」

いかがでしょうか？　これはホワイトハウスの公式ホームページに文字起こしでもしっかり記録が残されています。

まとめると、バイデンはウイグルで起きているジェノサイドを、「文化の違い」という言葉で片づけ、無視を決め込んだのです。アメリカはトランプ政権下でポンペオ国務長官がウイグル問題をジェノサイド認定し、後任のブリンケン国務長官は、この姿勢を継承しています。

この衝撃発言が出たのは、番組が後半に差し掛かったころ。普段と違い、プロンプターもない中での発言だったので、これこそがバイデンの本音だったと思うのです。

だからこそ、バイデンがどのようなことをしようとも、中国に対する本音は別のところにあるのではないかと思えてなりません。

もちろんこの懸念は、バイデンが正常な判断能力をまだ持っていて、政策決定を〝自ら〟の意思でしていることが前提です。側近たちがやりたい放題している現在は、当てはまらないかもしれませんが、たとえば発言の中で出てきた台湾に関する言及は、日本も他人事ではないはずです。

アメリカがどのような行動をしようとも、〝本音〟がどうなのかを見極める際に、まだマシだったときのバイデンの発言は、覚えておくべきものでしょう。

バイデン政権の半導体規制は本気か

私はバイデンが嫌いです。〝大統領〟という肩書をつけたくありませんし、なんなら普段の動画で言うように本書でも「じじい」とでも呼びたいぐらいです（笑）。

とはいえ、評価すべきところは評価すべきであり、頭ごなしに批判しかしないのは、なんでもかんでもトランプが悪い憎い嫌いの左翼連中、通称「トランプガー」と同レベルに堕してしまいます。

２０２２年10月までは、褒めるところを探しても見つからず、強いて言うなら、ホワイトハウスに猫を迎え入れたくらいしか見つかりませんでした。いや、本当に。

ところが、10月7日、転機を迎えます。アメリカ商務省傘下13機関で最小規模の産業安全保障局（ＢＩＳ）が、画期的で広範囲な半導体関連規制を発表したのです。産業安全保障局は、2022年度の予算がたったの1・4億ドルという、パトリオットミサイルの発射台コストの8分の1ほどの規模、350人程度のスタッフしかいない非常に小さな政府機関です。米ソ冷戦期に最大規模で、そこから徐々に縮小していきました。規模は小さいながらその影響力は大きく、輸出ライセンスの管理をしています。冷戦期で年間10万件以上の輸出ライセンス審査をし、その後は年間1万件程度に減り、現在は年間で4万件程度の審査をしています。

2023年5月のG7広島サミットのコミュニケで「中国とのデリスキング（リスク低減）」という言葉が出て、中国とのデカップリング（切り離し）はしないことが明記されました。確かに中国を経済から切り離すのは理想的ではありますが、現実的ではありません。デリスキングの動きはすでにある一定の効果が見られていますが、本気具合が伝わってこないところもあります。順を追って紹介していきます。

しのぎを削る半導体争奪戦

本題に入る前に、そもそも半導体とは何かを簡単に整理しておきます。

電気を通す「導体」（鉄や銅など）、電気を通さない絶縁体（ゴムやガラスなど）の中間の性質を持つ物質が「半導体」です。シリコンやゲルマニウムなどの単一元素からなる「元素半導体」や、2種類以上の化合物からなる「化合物半導体」などがあります。

情報の処理や記憶、電流・電圧の制御など、さまざまな働きがある半導体は身の回りに溢れています。スマホやパソコン、炊飯器にエアコンのような家庭内にあるあらゆる電化製品、自動車やバス、電車から信号機のような日常の足に欠かせない交通インフラ、さらには戦車や軍用ドローン、ミサイルの制御システムという軍事技術に至るまで、私たちの生活は半導体抜きでは成り立ちません。そのため、「産業のコメ」とも呼ばれています。

半導体は小型高性能化が進んでいて、半導体の回路線幅サイズの単位はnm（ナノメートル）で表されます（以下、nm）。ナノは10億分の1メートルで、髪の毛の10万分の1という、肉眼では見ることができない小ささをしています。

主に40nmの半導体は家電製品に使われ、45nm～10nmの半導体は自動車や産業用機械に使われています。スマートフォン、パソコン、AI（人工知能）、自動運転技術のような最先端技術の塊のような製品には、10nm未満の半導体が使われています。ちなみに台湾のTSMCが日本の熊本県に建設することが話題になっている工場では、20～10nmの半導体製造がされることになっています。

また、日本のラピダスという新会社は、米IT大手のIBMから2nmの最新技術の提供を受け、2027年までに最先端の半導体の国内量産化を目指していますが、技術者不足、2025年にはTSMCやサムソン電子が2nmの量産を開始する見通しであることから、需要はあるのかなど、課題が山積みと指摘する声が多いです。日本人として、成功してほしいと願ってはいますが……。

さて、あらゆるものに半導体が使われていることから分かるとおり、半導体の供給が途絶えることは、経済活動・国家安全保障に直結する問題になります。コロナ禍で「サプライチェーンの混乱」という言葉をよく耳にしたと思います。ですから、半導体を制することができれば、敵国の経済力・軍事力に影響を及ぼすことが可能であり、同時に、自国にも同様の危険性が及ぶ可能性があるとも言えますが、バイデン政権が2022年10月7日に発表した新規制は、米中半導体戦争に大きな影響を与えるものでした。

世界を変えた2022年10月7日規制

「ニューヨークタイムズ」は2023年7月12日記事“An Act of War: Inside America's Silicon Blockade against China”（戦争行為：アメリカの対中国シリコン封鎖の内幕）で、「2022年は後世に語り継がれる、世界を変えた2つの重要な日がある」として、1つ目は

２０２２年2月24日のロシアのウクライナ侵攻開始日、もう1つに、10月7日のバイデン政権の半導体規制をあげています。

新たな規制の内容をまとめてみます。

• 先端半導体の製造装置やソフトウェアの対中国輸出にライセンス取得を義務付け（原則禁止）
• 第3国がアメリカ製の半導体製造装置等を使用している場合も対象に含める
• アメリカ人やアメリカ企業で働く外国人が、特定の中国半導体産業に協力（保守点検・修理・助言・運送など、基本的になんでも）するのにライセンス取得を義務付け（原則禁止）

バイデン政権は、中国が高性能半導体を入手することを大幅に制限したのです。

最先端半導体は、高速計算機「量子コンピュータ」や音速の5倍以上の速度で飛ぶ「極超音速ミサイル」の開発などに必須であり、中国の監視能力や軍事力強化にかなりのダメージを与えることが可能であると言われています。２０２０年時点で、中国の半導体製造能力は、国内需要の15・９％に留まっていて、その多くを輸入に頼っていますし、自力で高性能半導体を製造する能力は持っていません。

Atlantic Council Geoeconomics Centerは２０２３年3月に報告書で“United States-

China Semiconductor Standoff: A Supply Chain Under Stress"（米中半導体の対立：ストレス下のサプライチェーン）で、バイデン政権の半導体規制を高く評価している一方、前出の「ニューヨークタイムズ」記事と同様に「時間稼ぎにしかならない」と指摘し、中国の足が止まっている今、一気に中国と技術力の差をつける必要性があることが指摘されています。

半導体受託製造で世界最大手の台湾積体電路製造（ＴＳＭＣ）はアリゾナ州に２０２４年稼働を目指す工場を建設中で、２０２２年12月には第２工場を建設することを発表しています。第２工場では、最先端の３nmの半導体の製造を２０２６年までに可能にすることを目指すとしています。

ちなみに、ＴＳＭＣのアメリカ進出はバイデン政権の功績のようにされていますが、ＴＳＭＣがアメリカ進出を発表したのは２０２０年5月15日。トランプ政権下の出来事だったことは忘れてはならないでしょう。アフガニスタンの敗走と違い、半導体に関しては、バイデンはトランプ前大統領が敷いたレールを上手く走ることができているようです。

台湾の半導体工場は世界の技術エコシステムで重要な役割を果たしています。米陸軍戦略大学の学術誌Parametersに２０２１年11月22日に掲載された"Broken Nest: Deterring China from Invading Taiwan"（壊れた巣：中国の台湾侵攻の抑止）では、「ＴＳＭＣの工場を破壊することを、中国に対する脅迫（抑止力）として使うべき」と主張されていて、最悪の場合はＴＳＭＣが破壊されることも視野に入れなければなりません。中国の空軍基地から台湾の半導体拠点の集中する新竹市まで、たったの約２５０㎞の距離しかなく、戦闘機で５分〜７分程度で到達してしまいます。

半導体規制が与える日米企業へのダメージ

Atlantic Council Geoeconomics Centerの報告書は、新規制の懸念点も指摘。

中国の巨大マーケットに収益を依存していたアメリカの半導体企業へのダメージです。アメリカ政府からは対中取引の規制を受け、中国側からも報復措置の板挟みになる危険性があるのです。

アメリカ商工会議所が２０２３年１月29日に発表したファクトシートの〝最悪のシナリオ〟では、中国との取引量がゼロになった場合、約８３０億ドルの経済損失、12万４０００人の雇用喪失に繋がると試算。研究開発分野では、年間１２０億ドル規模の損失が出て、一般消費者は半導体コスト増加に伴う、あらゆる商品の価格インフレやサプライチェーン寸断によるモノ不足に直面すると指摘されています。

アメリカは半導体サプライチェーンで重要な役割を果たしている日本、オランダ、台湾にも規制に同調するように求め、日本政府は2023年1月に合意しています。「日本経済新聞」は2023年2月11日に「［社説］半導体の輸出規制は的を絞り予見性高く」で、規制の範囲を絞り込むべきであると指摘しています。例として、日本企業が2020年時点で、ウエハー（半導体の土台）分野で約57％の世界最大のシェアを維持していることをあげ、ウエハーは先端品・汎用品関係なしに必須のものであり、規制範囲を無制限にしてしまうと、日本が半導体分野で世界をリードできる分野を丸々失う危険があるのです。中国のような規制対象国が代替製品の製造を可能にしてしまえば、最悪です。

半導体製造は20以上の行程に分けられますが、対中規制を主導しているアメリカはそのほとんどで世界シェア1位。日本はウエハー分野だけでなく、半導体製造装置分野も強いが、アメリカがシェア1位で、日本は2位です。アメリカの弱みだったのが、半導体を製造する〝ファウンドリー〟ですが、先述のとおり、世界最大手TSMCを誘致することに成功しています。

日本はスパイ天国と言われるように、情報技術を含め、知的財産ダダ洩《も》れ大国です。いつものようにアメリカに付き従った結果、半導体分野で唯一の強みだった分野を失う危険性があるため、一人負け状態にならないよう日本政府にはバイデン政権の真意の見極めをしてほしいと思います。

抜け穴だらけの規制

　ワザとなのか、偶然なのかは不明ですが、バイデン政権の半導体規制に抜け穴があることが指摘されています。

「ウォールストリートジャーナル」が2023年3月24日“Loophole Allows U.S. Tech Exports to Banned Chinese Firms”（禁止された中国企業へのアメリカ技術輸出を可能にする抜け穴）で、アメリカ商務省のエンティティリスト（輸出規制対象）に入っている中国複合企業Inspur Groupに対する抜け穴があることを報道。元商務省職員と現役両方からの話をもとにしているため、アメリカ政府は抜け穴の存在を“把握している”といえます。Inspur Groupは3月6日に、人民解放軍を支援している疑いを理由に、新たにエンティティリスト入りが発表されました。が、現在でもInspur Groupの子会社を通じ、アメリカから高性能チップの輸入が可能な状態が続いています。

　また、「ロイター」は2023年6月20日、“Focus: Inside China's underground market for high-end Nvidia AI chips”（フォーカス：エヌビディアのハイエンドAIチップ

をめぐる中国の闇市場の内幕）で、広東省深圳に半導体チップの闇市場が形成されていて、アメリカの監視が行き届いていないことを報じています。ただ、通常の倍近い価格で取引されていること、流通量が少ないこと、そもそも闇市場が形成されていること自体がバイデン政権の規制の効果がある証拠であると指摘しています。

２０２３年８月29日に商務長官ジーナ・レモンドは中国を訪問しました。事前の発表では10分程度とされていた中国ナンバー2李強との会談は1時間15分に及び、その中で半導体規制の緩和の話題が出たとのことですが、中国政府はアメリカに半導体規制の緩和を要求してきたとのことです。レモンド長官は「もちろん〝NO〟と答えた。国家安全保障に関わることを交渉するつもりはない」とABCニュースのインタビューに語っていますが、抜け穴があるにせよ、中国政府としては、生成AI産業の成長の足《あし》枷《かせ》になっている規制の緩和を求めているようです。

追撃の投資規制は効果があるのか

バイデンは２０２３年８月９日、中国の特定分野に対する投資を規制する大統領令に署名しました。アメリカ拠点の投資会社の、中国の生成AI、量子コンピュータ、半導体産業に対する投資を財務省が規制することを可能にするものですが、効果は限定的という指摘が多いです。

まず、中国に対するアメリカの投資額は、海外から中国に流入する投資額の５％にも満たないため、同盟国・友好国との連携ができなければ効果は薄いのです。言い換えると、他国も足並みを揃えれば、一定の効果があるということでもあります。

シンクタンクCenter for Security Policyの中国政策代表ブラッドリー・セイヤーは、財務省が規制内容を決定できることを問題視しています。「アメリカ企業やアメリカ貿易の発展に多大な関心を持つ商務省や財務省にこの仕事をさせるということは、ある面では狐に化かされたようなものだ。国家安全保障サイドからの直接的な監督があれば、遥かに良いものだった」とし、対中規制で悪影響が出るアメリカ企業と近い政府機関が規制を管轄するのではなく、国家安全保障に関する政府機関、たとえば国防総省の管轄にすべきだったと言います。ちなみに、国防総省報道官の発表によると、大統領令立案に国防総省は「重要な役割」を果たしていたことを認めていますので、ある一定の関与はしていたようですが、運用に関わらなければ効果は薄いのではないでしょうか。今後は政府と中国市場を失いたくないアメリカ企業の駆け引きになるため、ロビー活動が活発になることが見込まれています。

2 中国市場に未練たらたらな面々

中国市場を捨てられないアメリカ企業

中国企業のアメリカ製最先端半導体需要は高く、アメリカ企業としては切り離せないのが本音です。実際、バイデン政権の規制対象は最先端技術に必要な最先端半導体に限定されています。

先述の「ウォールストリートジャーナル」が指摘していた抜け穴に関する記事で、米半導体メーカー大手のエヌビディアの最高財務責任者コレット・クレスは、制裁対象に追加されたInspurはパートナーであるとし、新たなパートナーを探すことを投資家に伝えています。つまり、新たな抜け穴を見つけ、中国市場との繋がりを何としてでも維持しようというのです。

２０２２年11月７日には、アメリカ政府の新規制に適応した代替半導体チップが発表されています。

エヌビディアの最先端半導体チップで輸出規制の対象になったのが「A100」という半導体チップです。巷《ちまた》で話題のOpen AI社の「チャットGPT」と同じような機能のAIをつくるためには、エヌビディアのA100チップが約3万枚以上は必要になると言われています。

新たに開発されたのは「A800」というモデルで、A100のデータ転送速度400ギガバイト／秒に対し、A800は600ギガバイト／秒に制限がかけられていて、アメリカ政府のテストも合格しているということです。規制を拡大する可能性が報じられていますが、イタチごっこのように、アメリカ企業はあの手この手で中国との取引を継続しようとするでしょう。

エヌビディアの発表によると、中国向けのA100チップの輸出ができなくなったことで、約4億ドルの損失が出ています。8月23日に発表された5～7月期決算は純利益が約63億ドルと、前年同月比の9倍、過去最高を更新しています。対中国の売上が約2割を占めていましたが、生成AIに使用される半導体需要の拡大により、アメリカ国内の需要が急拡大していることから、規制の影響は限定的であるという意見もあります。

半導体市場の3分の1を占める中国依存の実態

アメリカの半導体産業協会（SIA）は2023年7月17日、バイデン政権がさらなる半導体に関する規制を検討している報道を受け、声明を発表しています。「世界最大規模の市場である中国へのアクセスを継続することは、昨年成立したCHIPS法（半導体産業への多額の補助金など）の効果を衰えさせかねない。過度な広範囲に及ぶ規制は、アメリカの半導体産業の競争力を落とし、サプライチェーンを混乱させ、中国からの報復をエスカレートさせかねない」と指摘し、「米中両国政府に、対話を求めるとともに、現在および将来的な規制の影響を評価するため、産業界や専門家とより広範に関わり、その規制が狭く、明確に定義され、一貫して適用され、同盟国と十分に調整されているかどうかを見極めるまで、さらなる規制を控えるよう、政権に求める」と続きます。

明らかにバイデン政権に対する釘さしのように思えます。おそらく、連邦議員に対するロビー活動も活発になっていることでしょう。

大手アメリカ半導体メーカーの中には中国市場に依存している企業がいくつもあります。

先述のAtlantic Councilの報告書では、「売上の半分が中国本土からの企業がある」と指摘しています。これは2016年～2020年の平均の数字をもとにしているのですが、具体的な売上に占める中国市場の割合は、クアルコムが59%、コルボ49%、テキサスインスティテュート48%、マーベル48%、ブロードコム45%などです。

マイクロン・テクノロジーは一時期、売上の43%を中国本土で占めていましたが、2023年5月に中国政府は「セキュリティー上の問題があり国家の安全に影響を及ぼす」として中国国内での情報インフラ用としての調達禁止措置を受けています。

これらの企業は売上が減ることだけでなく、アメリカの規制に反発した中国政府からの報復に巻き込まれることを恐れているのです。

世界の半導体市場の3分の1を占めている中国市場を手放せないのは、企業目線からは理解できますが、やはり中国の成長・脅威の拡大に繋がることを考えると、アメリカ企業には戦略を考え直してほしいと思います。

言論の自由は中国に握られている

少し話題は逸れますが、「言論の自由」を守る戦いの背後に中国の影があることも指摘します。

大手電気自動車メーカー、テスラのＣＥＯイーロン・マスクが、ツイッター（現Ｘ社）を買収すると発表したときは大騒ぎになったのを覚えている方も多いのではないでしょうか。特に左派勢力が発狂して、えらいこっちゃになっていましたね。それは今現在も続いていて、バイデン司法省による司法の武器化のターゲットにされています。

ツイッターの買収に至った経緯は、言論の自由を守るため。

ツイッターをはじめとするＳＮＳ企業は連邦政府や民間企業、民間団体と協力し、大規模な検閲を行っていました。大規模で複雑な構造を「検閲産業複合体」と呼びます。トランプ政権後期から静かに始まっていたのですが、バイデン政権発足とともに過激化し、大問題に発展（トランプ前大統領が始めたという意味ではありません）。

保守系の政治的発言は「ヘイト」「差別発言」などと理由をつけ検閲、コロナ関連（マスク、ロックダウン、ワクチンなど）で大本営発表と違う発言は「誤情報」「陰謀論」として検閲するなど、やりたい放題でした。

マスクは大胆な人員整理、有料コンテンツの導入などの改革を進めていますが、赤字経営から脱することができていないとのことです。

ツイッター以外にも、電気自動車メーカーのテスラ、宇宙事業のスペースＸ、人間の脳とコンピュータを繋げるニューラリンクなど幅広い事業を展開しています。

私自身、マスクには言論の自由を守るために戦ってくれたことに感謝しています。もしかすると、２０２４年大統領選挙の結果にも大きな影響を与えるかもしれないほどのことです。

一方で、中国との深い繋がりから、マスクを信用することはできません。

まず、中国政府高官や中国工作員はツイッターを使用することができていますが、中国の一般国民は使用できません。この矛盾をどう考えているのでしょうか。

そして、なにより気になるのは、テスラと中国の深い結びつきです。

「フィナンシャルタイムズ」によると、テスラの売上の3分の1は中国での売上が占め、アメリカに次ぐ2番目の規模の市場です。上海には世界最大のテスラの工場がありますが、テスラの電気自動車の52％を製造していることがCNNの報道で明らかにされています。ビジネスを維持するために、中国政府に逆らうことができないのです。

「デイリーメール」の２０２３年7月7日の報道によると、16社の自動車メーカーが「中国の社会主義の中核的価値観」を全うすることを誓う書簡にサインしています。サインした16社のうち、海外企業はテスラだけでした。

２０２３年9月12日にビジネスサミット『All-In Summit』にリモート出演したマスク

は、後半部分で中国と台湾に関する発言をしました。

「中国のことをよく理解している」と前置きをした上で、「中国と台湾の関係は、ハワイとアメリカに似ている」とし、「台湾は〝中国の重要な一部〟でありながら、恣意的に中国の一部でなくなっているのは、そのほとんどがアメリカ太平洋艦隊が力ずくで統一を阻止しているからだ」と明らかに中国側の主張の代弁者となっていたのです、これには台湾側が猛抗議をしています。

この発言は「ビジネスリーダーとして、米中関係をどう見ているか」という質問だったので、わざわざ「台湾は中国の一部だ」とまで踏み込んだ発言をする必要はなかったはずです。

意図はさておき、マスクにより救われた言論の自由ですが、その背後に自国民の自由を奪い続ける中国共産党に逆らうことができない構図があることは、台湾有事の現実味が増している今、頭の片隅に入れておくべきことではないでしょうか。言論の自由は社会の根幹にあるべき重要な権利であり、それが中国共産党に背後で握られていることは大きな中国リスクではないでしょうか。

中国依存か脱中国か

２０２３年に入ってからの中国政府の対米政策は対ヨーロッパ政策と大きく違う点があったとＦｏｘビジネスは６月10日に指摘しています。ヨーロッパ首脳や高官と交流する中国は、〝政治的〟にヨーロッパと協力関係を築こうとする一方、アメリカとは〝経済的〟な繋がりを優先していたのです。具体的には、中国国防大臣がアメリカの国防大臣との会談を拒否したこと、国務長官・財務長官の訪中の日程調整が難航していたことをあげています。

一方で、３月～６月にかけ、アメリカの名だたる大企業のＣＥＯが中国を訪問していました。

３月にアップルＣＥＯ、ファイザーＣＥＯ、ブリッジウォーター創設者、ブラックストーンＣＥＯ、５月にインテルＣＥＯ、スターバックス創設者兼名誉会長、ＪＰモルガンＣＥＯ、５月にはイーロン・マスク、６月にはゴールドマンサックスＣＥＯが訪中しています。

また、６月16日にはビル・ゲイツが訪中し、政府関係者以外の外国人で、習近平と対面会談をコロナ禍以降で初めてしています。

このように経済界トップを引き込もうとしている背景には2つの意図が見えると指摘されています。1つ目は、政治的な影響力。基本的にアメリカの大企業は民主党を支持する傾向にあります。その影響力を使うことで、バイデン政権に対する暗黙のロビー活動をしてもらおうとしているのです。

もう1つが、アメリカの中国離れを防ぐこと。「インサイダー」の2023年7月12日の報道によると、メキシコが中国を抜いて、アメリカ最大の貿易相手国になったことが分かっています。アメリカの輸出入相手で1位メキシコは15・4%、2位がカナダで15・2%、そして3位が中国の12%でした。この貿易相手国の変化の〝種〟は、トランプ政権下で蒔《ま》かれ、それが今になって芽吹いたということですが、アメリカの中国からの輸入量は過去17年間で最低を更新しています。ピーク時は2018年の21・8%でした。

2023年8月7日の「フォーブス」の〝Manufacturing Moving Out Of China For Friendlier Shores〟（製造業が中国から友好的な海岸へ進出）で、アメリカの大企業が中国からの撤退を決定・検討していることを報じています。

インテルは米国に工場を移転することを検討、マイクロソフトは中国からヨーロッパに移転することを検討、ナイキは中国から東南アジア諸国に移転を検討、デルは中国からベトナムとメキシコに移転することを発表、アップルはインドに新工場を設立することを発表しています。

このように、アメリカ企業の中国離れが止まらない状況になりつつあり、それを止めるためにもアメリカの企業のトップに中国政府が働きかけをしていると言われています。

政治的なリスクもあり、明らかに傾いてる中国経済に不透明さが合わさり、中国を去っていく企業が後を絶たなくなっているのです。

教祖習近平を信奉させられている

中国でビジネスをすることのリスクは、年々増え続けています。利益のためとはいえ、狂っているとしか思えない環境です。

中国でビジネスをするためには、中国政府（＝習近平）に従う必要があります。

2023年8月7日、「ブルームバーグ」が"Bankers Forced to Study Xi's Thoughts as Party Tightens Grip"（党の締め付けが強まる中、習近平の思想を研究せざるを得ない銀行家たち）で、習近平思想の学習が強制されている実態を報じています。

中国国営企業は当然として、ブラックロックのような米国投資会社をはじめとする海外企業の従業員は、習近平思想を学ぶ講演会や活動への参加、習近平の執筆した書籍の感想文の提出などを〝強制〟されているというのです。取締役や事業責任者の業務時間の3分の1が取られているという。シンプルに仕事になりません。従わなければ、勤務先が目を付けられるだけなく、自分自身の身に何が起こるか分かったものではありません。

日本企業の従業員を含め、中国政府に拘束される事例を聞いたことがない人はいないでしょう。2023年7月1日に中国で改正スパイ防止法が施行されたことで、通常業務をしているだけでスパイ扱いされ、拘束されるというとんでもない国になっています。さらに教祖習近平を信奉する思想の押し付けで業務時間を削られる、こんな国でビジネスをまだ続けるというのでしょうか。

3 中国に依存する環境左翼政策

「地球を救う」の本質

2012年11月6日、とある投稿がツイッターにされた。"The concept of global

warming was created by and for the Chinese in order to make U.S. manufacturing non-competitive.”（地球温暖化という概念は、米国の製造業を非競争的なものにするために、中国が中国のためにつくり出したものだ）。

投稿主はDonald J. Trump、そうです、トランプ前大統領です。

気候変動を抑えるため、世界を救うために、地球を救うために、各国が脱炭素政策を国をあげて行っています。

第2弾書籍の第3章でボロカスに叩きましたので、本書ではキコウヘンドウの悪口はほどほどにしますが、私は世界がキコウヘンドウで大変なことになっているということを信じていません。地球はロボットではありません。人間と同じく体調に変化が起きます。地球誕生以降、気候は46億年、常に変動し続けています。環境保全は重要ですが、脱炭素なぞしたところで、46億歳の地球先輩からしたら「だから何？」というものです。カップラーメンのスープを全部飲み干したら、小学生から「死ぬよ」と大騒ぎされているようなものです。違うかな……。

この脱炭素という世界ぐるみの集団詐欺行為の本質はトランプ前大統領が指摘しているとおり、（アメリカだけに限らず各国の）経済を弱体化させ、中国を利するものです。電力のごく一部を再生可能エネルギーに転換するのはいいかもしれませんが、自然に左右される不安定な電力は、経済を不安定化させかねません。また、〝クリーン〟エネルギー産業のほとんどが中国に頼る構造になっていることが大問題です。その中国は火力発電所の新設をし、二酸化炭素排出量をむしろ増やす動きを見せています。さらに、〝クリーン〟エネルギー産業のほとんどが利権にまみれていますし、製造工程の二酸化炭素排出量、水質汚染、ソーラーパネルなどの産業廃棄物予備軍の処理方法を考えれば、どこにも〝クリーン〟な要素がありません。

脱炭素に邁進している国は、自国を弱体化させ、同時に中国を下支えしていることに他なりません。そして、その自国弱体化中国強化政策を強要しているのが、他ならぬバイデン政権なのです。

現実を認識するためにも、11年前のトランプ前大統領の警告は再度注目されるべきものだと思います。

無意識の中国共産党支援

「中国の空母のために年金を払いたいですか?」「大学の基金が中国共産党のウイグルジェノサイドを引き受けるべきでしょうか?」「退職金が中国共産党の技術全体主義監視国

家につかわれることを望みますか？」

これは、2023年8月29日に「ワシントンポスト」にマーク・ギャラハー連邦下院議員が寄稿した“Americans are unwittingly financing the CCP. It has to stop”（アメリカ人は無意識に中国共産党に資金を提供している。止めなければならない）の冒頭部分です。

ギャラハー議員は下院議会に設置された「米・中国共産党戦略競争に関する下院特別委員会」の委員長を務める共和党議員。

先述のバイデンが署名した対中国投資規制の大統領令を、ある一定の評価をしているものの、「これを最後とせず、ここからが重要だ」と指摘しています。

アメリカの問題として、アメリカの巨大投資会社を通じ、敵対国であるはずの中国に多額の資金が流れていることがあります。

ギャラハー議員は第1の問題として「中国で消えているのは、言論の自由だけでなく、資金経路もだ」とし、大統領令の限定的なものではなく、法案整備で広範な資金経路の透明性を確保する必要があると主張しています。

第2の問題に中国に流れる資金が、人民解放軍の強化、強制労働とジェノサイド、技術全体主義監視国家の支援になっていることを指摘。「中国企業がアメリカ企業の製品を手に入れられないようにしているが、アメリカの資金を中国が受け取ることができている」

と、現行の対中政策に大きな穴があることを指摘している。

第3の問題に、大統領令の持つ大穴を指摘。「大統領令はベンチャーキャピタルやプライベート・エクイティ（未公開株）のような積極的な投資にのみ焦点を当てていて、これらはアメリカから中国に流れている資金のうち、たったの17％に過ぎない。ETF（上場投資信託）、投資信託、上場株といった、残りの83％にも対応すべきだ」としています。

第4に、セクター（部門）を絞るべきで、個別企業への制裁は名前を変えられ、下請け企業で制裁網をかいくぐられ、イタチごっこになるだけと指摘。例として、人民解放軍の航空機を製造しているAviation Industry Corporation of China（AVIC）をあげています。AVICの株を買うことはできませんが、AVICの傘下企業がアメリカ人が保有できるETFの中に組み込まれているのです。「ありがたいことに、中国は〝Made in China 2025〟と〝第14期五カ年計画〟で、重要技術分野を示してくれている」として、これらの分野から検討すべきだとしています。

最後に、アメリカの銀行・投資会社のストレステストを実施し、たとえば中国が台湾侵攻をした場合に、中国と共倒れにならないかどうかを確かめるべきであると指摘しています。

２０２３年1月に発足した第１１８下院議会は、共和党が多数席を占めています。わざわざ対中国の特別委員会「米・中国共産党戦略競争に関する下院特別委員会」を設置していることや、特別委員会設置の決議案が賛成３６５反対65で、民主党の3分の2以上の賛同を得ることができていることから、中国に対する脅威は共和党だけではなく、民主党と共有している共通認識だといえます。だからこそ、バイデン政権の半導体規制のような大胆な対策が講じられているのですが、矛盾している点もあります。トランプ前大統領も指摘している、脱炭素政策です。

環境汚染大国中国を支える〝クリーン〟エネルギー産業

世界は旧来の化石燃料に頼らない脱炭素社会を目指しています。非現実的ですが。目標も２０３０年だったり、２０３５年だったり色々ありますが、どうせ「あぁー、あと少しで達成でしたが、おしかった。5年後までに達成しよう」のようなことを言い、延長延長延長の繰り返しになるでしょう。地球滅亡じゃなかったのかよ。

さて、２０２３年8月8日の「フィナンシャルタイムズ」記事〝How China cornered the market for clean tech〟（中国はいかにしてクリーンテック市場を追い詰めたか）で、中国なしの脱炭素は不可能と指摘しています。

「ヨーロッパが中国との深い関係抜きで脱炭素目標を達成することは不可能」であり、「アメリカも中国抜きのクリーンテクノロジーのサプライチェーン構築に巨大な課題に直面することになる」としています。アメリカ政府が「重要鉱物資源」に指定している54種類のうち、35種類の産出なり精製に中国が関与しているからです。

たとえば、ガリウム生産の98％は中国です。ガリウムは次世代電気自動車から、スプーン曲げ用のスプーン、米軍の次世代ミサイル防衛システムやレーダーシステムにいたるまで、幅広いものの製造に必須なものです。

電気自動車用バッテリーの必要な原材料に占める中国のシェアは20％未満ですが、加工品市場では90％のシェアを占めます。

リチウムイオン電池の心臓部のアノードに使用されるグラファイトは、中国の埋蔵量は世界の20％程度ですが、グラファイト加工市場は世界の70％を占めています。

風力タービンのような、それまで西側諸国企業が独占していたいくつかの重要なクリーンテクノロジー産業は中国に奪われています。世界風力エネルギー評議会の報告によると、新たに設置される風力発電用タービンの半分以上が中国によるものです。タービンの発電設備を収納するナセルといわれる部位は中国シェアが60％を超えています。

また、風力発電設備の多くの部品では70％以上が中国市場に依存している状況です。太陽光発電のソーラーパネル製造シェアは世界の80％、ソーラーパネル製造に必要なソーラーウエハにいたっては、97％というほぼ中国の独占状態です。ちなみに、非営利団体Environmental Progressの報告によると、中国のソーラーパネル製造の二酸化炭素排出量は、国連の「気候変動に関する政府間パネル」（ＩＰＣＣ）の主張する3倍です。とっても〝クリーン〟。

さらにシェフィールド・ハラム大学の報告では、世界トップ5ブランドを含む、10社のソーラーパネル製造工程を調査したところ、ほとんどが新疆ウイグル自治区の強制労働により製造されている可能性が高いと発表されています。人権問題が絡んでくるのです。〝クリーン〟。

ソーラーパネルには鉛、セレン、カドミウムのような有害物質が含まれ、破損した場合や不法投棄された場合の汚染問題もあります。「火災時に水で消火できない」という話を聞いたことがあるかもしれませんが、これは消防庁が否定しています。ですが、撤去作業時に感電した事例が報告されていますので、危険なことには変わりはありません。〝クリーン〟……。

化石燃料の権利保護団体Power the Futureは２０２３年8月に報告書〝WHERE

GREEN MEETS RED" (緑と赤が出会う場所) で、バイデン政権が推し進める環境政策がアメリカの中国依存を加速させることを批判しています。報告書のタイトルの緑はクリーンテクノロジー、赤は中国のことを指しています。

バイデン政権はあらゆるものを電気化することを推進しています。電気自動車、ガスコンロを禁止して電気調理器など。それらを再生可能エネルギーでまかなおうという、非現実的なことを主張しているのですが、Power the Futureも「フィナンシャルタイムズ」と同様に「中国依存を危険なほど高めるものであり、我が国の安全保障を脅かす行為だ」と厳しく非難しています。

これはアメリカに限ったことではなく、脱炭素社会に向けて邁進している日本にも言えることです。山を切り拓き、大量の産業廃棄物予備群……じゃなかった、ソーラーパネルを並べるメガソーラープロジェクトが各地で進んでいます。森林伐採により、山が保水力を失うことによる土砂災害のリスクが指摘されたり、そもそも二酸化炭素を吸収する役割のある木々を伐採すること自体、矛盾していると言われています。

先日、日本に一時帰国した際、地元の田舎のほうや、新幹線で東京に向かうときなど、いたるところでズラッと並ぶ大量のソーラーパネル群を見ました。景観最悪。

日本の美しい自然を破壊し、そこにソーラーパネルを並べたところで、そのソーラーパネルを製造している国が二酸化炭素をバカスカ出しているわけです。意味あるわけありません。「利権絡みだから」が結局のところ答えですが、日本の美しい景観が壊されるその裏で、中国の少数民族の強制労働が続き、中国共産党が資金を得続けることができている構図を忘れてはいけません。〝クリーン〟エネルギーとは名ばかりで、その正体は環境汚染と人権侵害を土台にした、中国の利益になる経済構造なのです。

山積みになる電気自動車

46億歳の地球先輩を救うため、私たちの生活は変えなければならないと言われています。

そのうちの1つが自動車。各国でガソリン車の新規販売を禁止し、電気自動車にすることが発表されています。多くの国が2030年〜2035年を設定していますが、日本では2035年に設定されています。すでに不可能を悟った国や地域で、方針転換の動きがありますが、それは後述します。

電気自動車を買おうが、ガソリン車を買おうが、個人の自由にすればいいと思っていますが、個人的には電気自動車を買う気はありません。理由は充電が面倒くさいから。ガソリンスタンドなら数分で終わるところ、何時間もかかるのは待てません。充電を忘れようものなら、便利な自動車から立派な駐車場に鎮座するオブジェに早変わり。緊急時対応も難しいですし、利便性から魅力を感じません。

この充電問題は、実は米自動車大手フォードのCEOジム・ファーリーも認めている懸念点です。

ファーリーはフォードの電気ピックアップトラックでロードトリップをしてみた感想で「充電はかなり困難だった」と語り、低速充電機では、充電を40％にするのに40分かかったことを明かしました。

電気自動車の充電時間は充電器の出力、バッテリー容量により異なりますがいくつかの例を紹介します。日産リーフは3kWで100％充電するのに20時間かかります。6kWだと半分の10時間。50kWの急速充電だと30分です。急速充電の場合、バッテリー損傷を防ぐために80％で制御される車種が多いです。テスラのモデル3は3kWで26・5時間、6kWで13・25時間、50kW急速充電で38分。充電問題はこまめに充電すれば解決ではありますけどね。

Cox Automotiveは、独自調査を実施し、51％の人が新車か中古の電気自動車の購入を検討していると回答していることを明らかにしました。2021年調査時の38％から13％

ポイントの増加です。ところが、テスラを除き、多くの自動車メーカーは電気自動車販売に苦戦しています。

理由はフォードＣＥＯの言うとおりの充電の懸念が１つです。また車両価格の高さもネックとなっています。バイデンインフレを抑えるため、急激な利上げがされていますが、それに伴いローン利率が爆上がりし、庶民は手を出せません。

カリフォルニア州が２０２２年２月に発表した統計では、アメリカの電気自動車は６％に留まっているが、そのうちの40％をカリフォルニア州在住者が所有していることが明らかにされました。補助金が多く出ていることが理由の１つですが、Power the Futureは高所得者が〝セカンドカー〟として購入している傾向にあるため、富裕層の多いカリフォルニア州に集中しているとも指摘しています。

つまり、庶民には手を出しづらい。そのため電気自動車の在庫は山積みになっています。Cox Automotiveによると、２０２３年7月時点で、ゼネラルモーターズ、フォード、ヒュンダイ、トヨタの電気自動車在庫は約9万２０００台と、前年同月比の3倍というマウンテン状態。

この数字は92日分の供給量で、ガソリン車の54日分の倍近い在庫を抱えている状態です。

平均的な供給在庫量は70日分なので、電気自動車は在庫過多、ガソリン車は供給不足ということ。一方でハイブリッド市場は平均で44日分しかなく、我らがトヨタ自動車のプリウスやRAV4のハイブリッド、プラグインハイブリッドの在庫は30日分を切っています。環境左翼の圧力に屈せず、日本企業が信念を貫いた好例ですね。

電気自動車はアメリカ自動車産業の衰退を招く

2023年9月執筆中、アメリカで全米自動車労働組合（UAW）が、大手自動車メーカー3社（ゼネラルモーターズ、フォード、ステランティス〈クライスラー〉）との労使交渉決裂を受け、ストライキを行っています。

「ニューヨークタイムズ」は2023年9月16日、"Battle Over Electric Vehicles Is Center to Auto Strike"（電気自動車をめぐる争いが、ストライキの中心）で、4年間で40%の賃金上昇をUAWは求めているが、今回のストライキの本質は、電気自動車製造にシフトしている自動車業界に対する、従業員の懸念であると分析しています。

ガソリン車の製造と比較すると、電気自動車は部品が極端に減ります。〝部品〟の定義や車種によって数は異なりますが、ガソリン車は約10万点の部品が必要ですが、電気自動車は約1万点ですみます。電気自動車にはエンジンがないため、燃料系、燃焼系、潤滑系、冷却装置、変則機構など、不要になる部品が多岐にのぼるためです。もちろん電気自動車ならではの部品も必要になりますが、それでも電気自動車へ大きく転換することは、自動車業界で働く人々にとっては死活問題になりかねないのです。

また、電気自動車に必須のバッテリーは中国の独壇場。「ニューヨークタイムズ」は「電気自動車は大きなバッテリーがあるため、ガソリン車の6倍のレアアースを必要とする。それらの鉱物は中国がほとんど支配しているため誰に、いくらで最初に渡すかを決めることができる」と、電気自動車の心臓部を中国に握られていることを指摘しています。

２０１2年にトランプ前大統領が指摘していたとおり、アメリカの製造業を衰退させ、中国の影響力を強めることになってしまうのがクリーンエネルギー産業なのです。

「ブルームバーグ」の分析によると、２０２2年の中国のクリーンエネルギー産業の投資額は約５４６０億ドルで世界ダントツの1位。2位がヨーロッパの約１８００億ドル、３位がアメリカの約１４００億ドルと続きます。クリーンエネルギー産業に必要な重要鉱物資源をおさえ、莫大な投資もしている。勝てるわけがありません。

では、どうすればいいのか？

素直に諦めればいいのではないでしょうか。

日本もイギリスとビル・ゲイツの転身に続け！

中国が支配するクリーンエネルギー産業で勝ち目はありません。しかも対抗して投資をしたところで、ある一部の界隈が潤い喜ぶだけで、一般市民は不安定な電力供給に高いエネルギーコストを支払うことになります。

そこで解決策は1つだけ。意味のない脱炭素という愚策を撤回すること。

ここまで世界的に進めている以上、思い切りよく方針転換できる国は少なく、トランプ前大統領のような強烈なキャラクターは別ですが、日本にそのようなリーダーが現れることは想像できません。

そのため、イギリスのようなスタイルを採用してはどうでしょうか。

イギリス政府は２０３０年までにガソリン車やディーゼルエンジン車の販売を禁止すると決めていましたが、「より現実的な手法を採用する」として、２０３５年に延期することを発表しています。そのときどきで理由をつけ、延長延長延長の繰り返しになるのではないでしょうか。

マイクロソフト創業者で〝慈善活動家〟と呼ばれるビル・ゲイツも環境左翼政策に関す

るトーンを変えています。ゲイツと言えば、２０２１年に「２０５０年までに脱炭素を達成できなければ、とんでもないことになる」「気候変動で住めなくなる場所が増え、今の10倍の難民が出る」と大騒ぎをしていたメガネさんです。

ところが２０２３年9月21日のイベントで、「温帯地域で人が住めなくなることはない」と発言したり、地球を救うために植樹することを「我々は科学者なのか、それとも愚か者なのか」とまさかの発言。「気候変動に力ずくで取り組めば、『気候のことは理解できるが、生活水準を下げてまでやりたくない』という反発をうけることになる」と、現実的な発言まで飛び出しているのです。

ビル・ゲイツは色々と黒い噂が絶えない人物ですが、先を読む能力は人類一だと思います（またはそうなるように動いているのか……）。

理由はどうあれ、ゲイツが一歩引いた発言をし始めたということは、重要なシグナルではないでしょうか。

左翼に支配されているバイデン政権に従い続けていては、日本はいつまでも変わることはできません。すぐに来るかもしれない、気候変動詐欺脱出の好機を逃さないよう、保身ではなく、先を見据えることができるリーダーが日本政界に現れることを願います。

第4章

ロシア制裁が招いたＢＲＩＣＳの台頭

1 謀略だらけのウクライナ戦争

ロシアのウクライナ侵攻、割れる見解

2022年2月24日、ロシアが「特別軍事作戦」の開始を発表し、ウクライナ侵攻が始まりました。

イスラエル・ハマス戦争勃発により、注目度がグッと下がったことをゼレンスキー大統領も認めていますが、世界を大きく変えた出来事であることは誰しもが賛同するでしょう。

私は中立な立場としてこの報道を見るように努めています。中立ということすら許さない空気感もありましたね。その結果、西側諸国の報道の異様さが目につきましたので、ロシア応援団のように見える論調かもしれませんが、いかなる理由であれ、主権国家に武力をもって侵攻することは許されないことであることは大前提です。

私は主にユーチューブをメインに活動していますが、動画のコメント欄でも意見が二分

し、対立が発生していました。

ロシアのウクライナ侵攻は、〝視点〟や〝視野の起点〟をどこにするかで、見方は大きく異なると思います。

２０２２年2月24日を起点にこの問題を見ると、主権国家ウクライナに侵攻したロシアが悪者であり、いかなる理由があろうとも、この行為を許せば、いつか日本の北海道や沖縄に対する侵略行為を誘発することになる、という考えが出てくると思います。日本とロシアが北方領土問題を抱えていることも忘れてはならないでしょう。

一方で、「これまで何が起きていたのか？」と、たとえば２０１４年2月のウクライナ政変を起点に見れば、工作活動をし、その後もロシアを威嚇するようなことをしていたアメリカやＮＡＴＯの責任はどうなんだ、という考え、または、ロシアを支持するという意見を持つと思います。

実際、２０２２年12月7日にドイツ紙「Die Zeit」のインタビューで、メルケル前首相は「（ウクライナ東部の紛争の停戦合意の）ミンスク合意は時間稼ぎだった」という衝撃の暴露をし、ストルテンベルグＮＡＴＯ事務総長は２０２３年9月6日のＥＵ議会での演説で「プーチンはＮＡＴＯの拡大を防ぐために戦争を起こした」と、ＮＡＴＯの拡大が原因であることを認めています。

私見ですが、ウクライナ侵攻を「ウクライナが可哀そう」「ロシアふざけんな」「ウクライナがんばれ」「ロシアがんばれ」のように単純化したら、一生問題は解決しないでしょう。

私たち第三者がしなければならないことは、応援することや非難することではなく、「なぜ、こうなったのか?」を考えることです。メディアの報道を振り返ってみてください。ロシアが侵攻を始めた直後、「なぜ」に意識がいかないよう、とにかく「感情」を煽《あお》るような報道しかなかったことを思い出しませんか?

世界を変えた一大イベントはウクライナの快進撃とロシアの蛮行ばかりが報じられますが、本章ではその陰に隠れている重要な報道を振り返りつつ、バイデンに裏切られた国や政府機関の存在を見ていきます。また、急激に存在感を増しているＢＲＩＣＳの行方も考えます。

ノルドストリーム爆破は誰が仕掛けたのか

ドイツはバイデン政権により振り回され、エネルギー価格の高騰により政権交代の可能性が高まっている国の１つ。象徴的な出来事がノルドストリーム爆破事件です。

ノルドストリーム

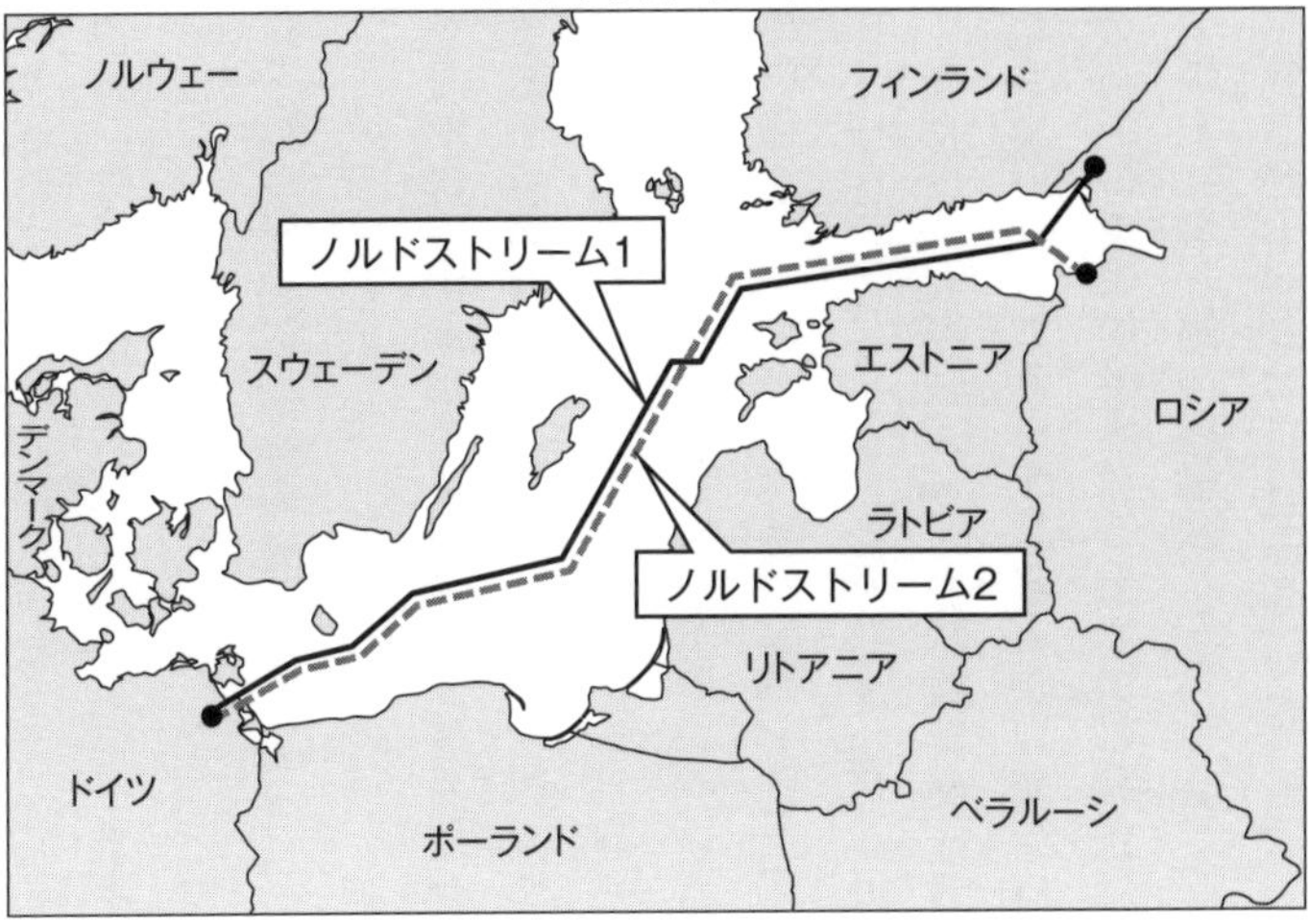

ヨーロッパのバルト海海底に、ロシアからドイツまで続く天然ガスパイプライン〝ノルドストリーム〟が走っている。2022年9月26日に破損が発生し、海上にガスが噴出し、巨大な水柱が発生しました。ノルドストリームは1と2があり、それぞれ2本のパイプライン、合計4本あります。9月26日に破損したのはノルドストリーム1の2本と、ノルドストリーム2の1本でした。

ノルドストリームはロシアから欧州諸国に天然ガスを供給するのに不可欠であり、2021年には欧州が輸入する天然ガスの45%をロシア産天然ガスが占めていて、社会生活に欠かせないものでした。

損壊が発生した直後、ロシア犯行説を推す声が西側諸国からあがった。

ノルドストリームが稼働できなくなることで大損害を被ることになる当事者のドイツの経済大臣ロバート・ハベックは「ロシアが自分たちではないと言うのは、泥棒が『私は泥棒ではない』と否定するのと同じだ」とロシアの犯行と断定するような発言をしていましたが、ロシアに最も強硬姿勢をとっているアメリカは、少し他の国々と異なる印象でした。

9月30日、アメリカエネルギー省長官ジェニファー・グランホルムは「ロシアに責任があると〝思われる〟」と、ロシアが犯人であることを〝匂わせる〟発言をしたのですが、その他の報道もやや控えめな報道が目立ちました。従来だったら、徹底してロシアの責任追及をするはずが、なぜか一歩引いているように見えました。

その後、２０２２年12月21日、「ワシントンポスト」〝No conclusive evidence Russia is behind Nord Stream attack〟（ノルドストリーム攻撃の背後にロシアがいる決定的証拠はない）で、９カ国23人の外交官・諜報機関関係者の話をもとに、ロシアの犯行だという証拠が見つかっていないことを報じました。記事内では「複数の人物は、証拠なく、また、過激団体の可能性を考慮せずに、ロシアの責任にしたことを後悔している」とも報じています。

ノルドストリーム爆破により、ロシアは安定した数千億円という収益を失うことになり、そもそもロシアは得るもの（西側諸国への警告）より、失うもののほうが大きいとも指摘し、ロシアの犯行を「ワシントンポスト」ですら疑っています。

ノルドストリーム爆破が明らかなテロ行為であることは、疑いようのない事実でしょう。10月６日、スウェーデン警察は「爆発物の形跡を確認した」と発表。では、犯人が誰なのか？　捜査は継続中ですが、さまざまな報道が出ています。

いくつかの代表的な〝説〟を紹介します。

①ロシア犯行説

まずはロシアです。爆破から３日後の９月29日、ＣＮＮの報道によると、ヨーロッパ諸国の安全保障関係者の話によると、爆破現場付近で爆破前にロシア海軍の活動が確認されていて、１週間前にはロシア潜水艦が活動していたことが報じられました。

ドイツメディア「t-online」は２０２３年３月25日、ロシア海軍が９月19日から軍事演習を実施し、その陰で工作活動をしていたという説を報道。ＳＳ-７５０という潜水艦救難艦という、潜水艦を救助するための特殊機器を搭載した船の活動や、クレーンを搭載した船が確認されていたというのです。ＣＮＮが爆破直後に報じていた内容と合致します。

しかし、２０２３年６月６日、「ワシントンポスト」の報道で、バイデン政権はロシアの犯行を否定していることが明らかにされました。また、ＥＵ諸国の一部は、ウクライナの犯行であると分かっていながらも、公の場では口にすることができないとも報じられました。

②アメリカ、ノルウェー説

アメリカのベテランジャーナリストのシーモア・ハーシュが2023年2月8日、独自のルートで入手した情報をもとに、アメリカとノルウェーの共謀説を自身のSubstack※で発表した。

［※Substack：欧米で拡大しているブログとメルマガを足し合わせたようなプラットフォーム。私も使っていますので、よかったら覗いてみてください］

ハーシュはベトナム戦争の米軍によるソンミ村虐殺事件の暴露でピューリッツァー賞を獲得したことなど、多くのスクープ記事を出した敏腕ジャーナリストです。

ハーシュは「爆破計画に直接関与していた関係者の話」をもとに、アメリカとノルウェーが共謀してノルドストリーム爆破を実行したと報じています。

ハーシュによると、ノルドストリーム爆破は〝2021年後半時点〟で、検討が始まっていたようです。

2021年後半、バイデン政権はロシアが天然ガスを武器化することで、ヨーロッパ、特にドイツがウクライナ支援に消極的になることを懸念していました。この時点で、ウクライナ侵攻後のことを考えていたのか、と疑問に思いますが、それは横に置いておきましょう。

２０２１年12月、ジェイク・サリバン国家安全保障大統領補佐官が、タスクフォースを設置。このチームには、米軍の統合参謀本部、ＣＩＡ、財務省、国務省が参加し、ホワイトハウスに隣接するアイゼンハワー行政府ビルの最上階でトップシークレットの会議が開かれた。

サリバンは「バイデン大統領の望み」として、ノルドストリーム爆破の方法を検討するよう指示をします。

海軍からは最新の潜水艦を使用すること、空軍からは時限式爆弾を投下することなど、さまざまな意見が出る中、共通認識だったのは〝戦争行為である〟ということでした。

ＣＩＡ長官ウィリアム・バーンズは、ＣＩＡ内にワーキンググループを設置、爆破工作のための人選を〝海軍〟の潜水チームから選出するように指示します。本来であれば、米軍の工作活動ですから、特殊作戦部隊が担当するのが筋です。しかし、特殊作戦部隊の作戦行動は連邦上院・下院議会に報告する義務があります。海軍のみの作戦行動の場合、報告義務はなくなりますので、海軍から直接人選することで、連邦議会による監督を迂回することができたのです。

作戦立案をする中、問題が発生します。2022年1月26日、ヴィクトリア・ヌーランド国務次官が、2月7日にバイデンがそれぞれ「ロシアがウクライナ侵攻をすれば、ノルドストリームはない」と公の場で警告したのです。

この発言を受けタスクフォースは、このまま爆破計画を進めれば、あからさますぎてバレてしまう懸念を口にします。

別の意見もありました。「もう隠す必要がなくなったじゃないか」です。公の場で警告をしてくれたので、堂々と爆破できると考えたわけです。

ロシアがウクライナ侵攻をする前の段階で、このような意識がタスクフォースの中ではあったのです。

タスクフォースは作戦を立案する中で、アメリカ単独で実行するのは不可能と判断し、ノルウェーの協力を得ることを考えます。ノルウェーを選んだ理由は2つ。

1つ目は、NATO事務総長です。イェンス・ストルテンベルグ事務総長は元ノルウェー首相で、アメリカの後ろ盾でNATO事務総長になることができた。「アメリカの手によく合うグローブ」と揶揄《やゆ》されるほど、アメリカに従順な人物なのです。

2つ目が、ノルドストリーム爆破がノルウェーの利益に繋がることです。パイプライン爆破をすれば、当然不足分を補う必要が出てきます。実際、２０２３年2月8日の「ロイター」の報道によると、ノルウェーの天然ガス企業は過去最高益をあげています。

２０２２年3月、アメリカのタスクフォースはノルウェーに向かい、ノルウェーのシークレットサービスと海軍と会議を実施、ダイバーが活動できる水深80ｍの浅瀬を爆破場所にすることが決められました。

スウェーデンとデンマークに勘付かれる懸念がありましたが、事前に「違うこと」を通達していたようです。

最大の懸念はロシアの水中探索能力の高さでした。そこで、隠れ蓑として使われたのが、毎年6月にアメリカ第6艦隊が中心になり、16カ国が参加する〝ＢＡＬＴＯＰＳ〟と呼ばれる大規模演習でした。２０２２年は6月5日～17日の日程で実施。

当初の作戦は、ＢＡＬＴＯＰＳの最終日に48時間の時限爆弾を設置するというものでした。

ところが、直前になりホワイトハウスから「待った」がかかります。

「さすがに48時間はバレる」という懸念でした。そりゃそうでしょと思いますし、タスクフォースはアホなのかと思ってしまいます（笑）。

遠隔操作をする計画に急遽《きゅうきょ》変更され、9月26日にノルウェー空軍がソナーブイを投下、その数時間後に爆破に成功した。

以上がシーモア・ハーシュが報じた内容です。この説に沿う、興味深い話があります。元米軍大将のスタンリー・マクリスタルという人物のプライベートの会話が隠し撮りされたものが公開されています。

マクリスタルはノルドストリーム爆破の犯人に関する考えを求められ、ウクライナの犯行を否定し、ロシアの犯行も同様に否定。

マクリスタルの息子は、米軍諜報機関ＤＩＡのエネルギー部門のトップとして勤務していて、マクリスタルと諜報情報を持つ息子は同意見だと言うのです。

「天然ガス産出国が利益を得たことになった（＝天然ガス産出国が犯人と匂わせ）」と、話したうえで、「アメリカはこの一件で、大きな利益を得た」と話していました。

つまり、アメリカの犯行を疑っているのです。

先述しましたが、ノルドストリーム爆破で利益を得たのはアメリカだけではありません。ノルウェーも同じです。

この説が正しかった場合、アメリカとノルウェーはとんでもない戦争犯罪国家ということになります。

また、その後のハーシュの続報で、ノルドストリーム爆破計画の見解がバイデンホワイトハウスとCIAで合わなくなり、最終的にCIAは計画から外され、関係者は「バイデンに裏切られた」と話しているということです。

③ウクライナ犯行説

次はウクライナによる犯行ではないかという説です。2023年3月7日、「ニューヨークタイムズ」は、諜報情報を持つ関係者の話として、ウクライナの過激派による犯行の可能性を報道。ゼレンスキー大統領や、ウクライナ軍上層部、ウクライナ政府からの指示があった証拠は見つかっていないということでした。

ドイツメディア「Die Zeit」は同日、「ニューヨークタイムズ」より深掘りをした内容を報道。

「Die Zeit」は諜報分析ではなく、他のメディアとの共同独自捜査をした内容でした。

報道によると、犯行に使われた〝アンドロメダ〟というヨットが特定されていて、借りたのはポーランド拠点の2人のウクライナ人が経営する会社。

犯行グループは6人のグループで、5人が男性で、女性は1人。それぞれの役割は、船長が1人、ダイバーが2人、ダイバーの補助が2人、医師が1人。全員が偽造パスポートを使っていて、ヨットのレンタルにも偽造パスポートが使用されていた。

また、返却されたヨットは汚れた状態だったということで、爆発物の残留物が確認されています。個人的には、そんな証拠をわざと残すようなことをするのかな、という疑問がありますが……。

5月26日、ドイツ連邦検察長官ピーター・フランクは「アンドロメダが犯行に使用されたとみて間違いない」と発言したことが報じられています。

6月10日、「ウォールストリートジャーナル」はドイツの捜査内容を報じ、“Freeria Lwowa”というウクライナ諜報機関のフロント企業が、ポーランドに持つ企業経由でアンドロメダを借りたことが分かりました。アンドロメダの通信記録、衛星・スマホ情報、Gメール、残されていた指紋やDNAから、犯人の特定が進んでいるとのことで、少なくとも1人のウクライナ軍特殊部隊員がいたことが分かっていて、なんと〝偶然〟にも容疑者の息子がドイツのフランクフルトに避難しているため、DNA採取をし、現在鑑定作業がすすめられています。

④ウクライナの犯行をアメリカが止めたけど……説

2023年6月6日、「ワシントンポスト」はSNSプラットフォームDiscordで流出していたアメリカの機密文書をもとにし、ウクライナがノルドストリーム爆破計画を立てていたことを事前に察知、止めていたことが分かりました。

機密文書によると、２０２２年6月時点で、ヨーロッパのどこかの国の諜報機関がノルドストリーム爆破計画を察知、ＣＩＡに報告、その後、ＣＩＡはドイツやその他のヨーロッパ諸国に警告を出していたよう。爆破計画をゼレンスキー大統領は知らなかったが、ウクライナ軍上層部が暴走して計画を立てていた。別報道でも指摘されていたように、バイデン政権はウクライナに数兆円の軍事支援をしていますが、ウクライナ軍の動きを把握できていません。

ウクライナの計画も、バルト海で実施された大規模軍事演習ＢＡＬＴＯＰＳに紛れて実行することでした。機密文書によると、アメリカの圧力で計画が中止させられたとのことです。

しかし、ドイツ当局の情報によると、爆発物の残留物が確認されている。

考えられるのは、②アメリカ、ノルウェー共謀説が有力で、ウクライナに責任を押し付けようとしていたということではないでしょうか。パイプライン爆破というテロ行為・戦争行為を計画する連中がわざと証拠を残すようなことをするでしょうか。

ウクライナの犯行となれば、対立政党を潰そうが、宗教弾圧をしようが、メディアの言論統制をしようが、何をしようが聖人君主として世界から崇められているゼレンスキーを批判することはなかなかできない。一方で、アメリカは最大の懸案事項だったノルドストリームを破壊することで、ロシアの重要な収益源を潰せ、独露連携を断ち、ヨーロッパのロシア依存度を強制的に下げることができ、さらにはアメリカやノルウェーの天然ガスを売りつけることができる。

考えすぎでしょうか……。

過酷な冬を乗り越えるのに必須の天然ガスを失いかけたことで、ドイツをはじめとするヨーロッパ諸国の人々の命が失われる危険性がありました。そこに手をつけたのは誰なのか。真相究明をし、責任を取らせるべきです。

シーモア・ハーシュの報道が正確であれば、徹底したウクライナ支援を要求してくるバイデン政権に、ドイツは見事に裏切られたということです。

ロシア制裁で儲かった国

ウクライナ侵攻開始直後、西側諸国による対ロシア制裁が始まりました。ロシアを国際的な資金決済網「国際銀行間通貨協会（ＳＷＩＦＴ）」から除外することや、オリガルヒと呼ばれるロシアの大富裕層への制裁、さらには外資企業の撤退により、「ロシア経済は崩壊の一途を辿るだろう」と、耳にタコができるほど何度も聞きました。

あれから1年以上経ちましたが、現状はどうなっているのか？

まず、国全体の資産額を見ると、西側諸国が期待していたことと真逆の現象が起きている。

スイスの投資銀行UBS Group AGとクレディ・スイスは共同で『世界富裕報告書』の第14弾を作成、２０２３年8月に公開。報告書によると、２０２２年は世界の資産が２００8年のリーマンショック以来初めて減少し、世界で約11・３兆ドルの個人資産が減り、４５４・４兆ドルだったとのこと。報告書はアメリカドルで換算されて計算されているため、為替レートの影響が大きく、為替変動を考慮すると、世界資産は微増していましたが、それでも２００８年以来、過去最悪の伸び率だった。

地域別に見ていくと、資産を減らしたのは北米と欧州に集中していて、合わせて約10・9兆ドルの減少。中国とアジア・太平洋地域も合わせて約３・５兆ドルの減少。インドは約６７００億ドルの資産を増やし、アフリカ地域は約８５０億ドルの微増。最も資産を増やしたのはラテンアメリカで、約２・35兆ドルの増加でした。

国別で1兆ドル以上の資産減少があったのは以下のとおりで、アメリカは５・９兆ドル減で最大、日本２・50兆ドル減、中国１・５兆ドル減、カナダ１・２兆ドル減、オーストラリア1兆ドル減だった。

一方で、ロシアは約6000億ドルの増加、メキシコは約6550億ドル増加、インド約6700億ドル、ブラジル1・1兆ドルの資産増加をしていた。

資産が100万ドルを超えている、いわゆる「億万長者」は、世界で約5900万人いると推計されています。

億万長者の数の前年比の増減をみてみると、アメリカは約177万人減少、日本約46万人、イギリス約44万人、オーストラリア約36万人、カナダ約30万人、ドイツ約25万人など、世界で350万人減少しています。

それとは逆で、億万長者が増えている国もあり、ブラジルは約12万人増加、イランとノルウェーは約10・4万人、メキシコ約7万人、ロシア約5・6万人増加。

共通しているのは、ロシアに対する制裁を強化していた西側諸国は、自分たちの首を絞めるような高インフレに悩まされ、その結果経済成長にブレーキがかかり、それとは逆に、アメリカ中心の対露制裁圧力をかわし、独自路線を貫いた国々は成長しました。億万長者が増えている国は共通して資源大国という点もあり、燃料費高騰の恩恵を受けているようでもありますね。

このように、ロシアへの制裁は、西側諸国に強烈なブーメランとなって返ってきていたのです。

西側諸国のクビを絞めたロシア制裁

先述のとおり、ロシアに対する制裁は効果があるようには数字から見えません。むしろ、対露制裁をしなかった国は成長し、これが現在のアメリカからの独立を目指す原動力の1つになっているのは間違いないでしょう。

ここでは、他の分析も紹介します。

２０２３年4月11日、非営利団体Institute for New Economic Thinking（INET）は"The Effect of Sanctions on Russia: A Skeptical View"（ロシア制裁の効果：懐疑的な見方）で、逆効果の可能性を指摘しています。

ＩＮＥＴはまず２０２２年7月20日に学術サイトSocial Science Research Network（SSRN）に掲載されたロシアの経済分析"Business Retreats and Sanctions Are Crippling the Russian Economy"（ビジネスの撤退と制裁がロシア経済を破綻させる）であげられた4つのポイントを振り返ります。４つのポイントとは、次のとおり。

①原油や天然ガスの禁輸はＥＵよりも、ロシアのほうがダメージが大きい

②ハイテク産業と自動車産業に大きなダメージ
③高度技術を持った人材が流出する
④金持ちが流出する
ＩＮＥＴは「事実として正しいが、解釈に問題がある」と指摘します。

まず、原油や天然ガスの禁輸に関しては、天然資源の輸出収入の主な影響は外貨準備高に対してであり、ロシアの輸入能力や経常活動には影響せず、国内経済に大きな影響はないということです。国家財政に影響が出るけれども、それは国内の税制改革で対応が可能です。

外資企業の撤退が相次ぎ、最大で約40％の海外投資や企業の撤退があるとされていますが、これはむしろロシアに追い風になったようです。というのも、たとえばマクドナルドやスターバックスのような外資企業の撤退は、利益の問題ではなく、政治的な理由で急遽決まったことです。ロシアからすると、外資企業が勝手に出て行ってくれ、しかもそれを格安で引き継ぐことができた。ただしこの点に関して、ハイテク・自動車産業に関しては触れていないので、制裁の効果はある一定あると言えるかもしれません。

人材流出に関しては、実はウクライナから、かなりの量のウクライナ人がロシアに避難しています。また、流出した人材は基本的に若手のため、時間で解決できます。

オリガルヒと呼ばれる大金持ちたちの流出は、２つの効果がありました。ロシアから脱出したオリガルヒはいます。これらの脱出組はそれまでの影響力を失い、一方で西側諸国による資産没収を恐れた一部のオリガルヒは、むしろ資産をロシアに持ち帰ってきてもいます。このように、予想されていたような一方的な効果はなかったのです。

また、制裁決定にあたり、アメリカ財務省が出していた「２０３０年までに、ロシア経済は約20％縮小する」という見解に、２つの基本的な主流コンセプトが欠けている点があることも指摘。"Profit motive"（商売気）と"Possibilities for technical substitution"（技術的代替の可能性）です。財務省はこれらの可能性を否定していますが、その根拠を示していません。ＩＮＥＴは「ソ連時代のロシアという期限切れの印象だ」としています。

ロシアの天然資源禁輸は、ロシア国内に豊富な天然資源が溢れることを意味し、ロシア企業はその恩恵を受けることができます。また、外資企業の撤退の穴を、安定した天然資源の供給をバックに持つロシア企業が埋める可能性があり、結果としてロシア経済に期待しているほどのダメージを与えることはないのです。

ＩＮＥＴはまとめとして、「ロシア国内の天然資源価格は安定し、国内企業は成長し、不動産はロシア側に有利な格安で譲渡され、海外に流出するはずだった投資が国内に留まっている」。反対に「ヨーロッパは、輸入天然資源価格が高騰し、輸出市場は停滞し、不動産は格安で譲渡することになり、投資はアメリカに流れている」。「我々はロシア市場が向上し、ヨーロッパ市場が悪化しているところを観察しているのだ」と、報道されていることとは真逆の総括をしています。

また、このような変化を「ロシアが自分自身で達成することは不可能だった」とも指摘しています。2022年初頭まで、ロシアの軍需産業を除くすべてのセクターに海外企業が進出していました。資金の大半を海外投資に使うけれども、国内で絶大な影響力を持つ西洋化したオリガルヒの存在。新自由主義的な経済思想が目立ち、当時はまだ比較的弱い立場にあった国家の産業政策の強化を支持する学術機関からの挑戦があったことをあげています。そして、「法的、政治的、制度的、イデオロギー的な環境は、ほぼ間違いなく、ロシア国家が制裁によって課せられたことに対しての措置として実行していることを妨げたであろう」と、西側諸国の制裁が、皮肉にもロシアがやりたくてもやれなかった構造改革の後押しをした可能性があることを指摘しています。

ＩＮＥＴの報告は、制裁が始まってから1年経過した状況の分析ですから、補足としてこれから数年かけて西側諸国の制裁の効果が出てくるかもしれない。長期ではどのような変化がロシアや制裁をしている西側諸国に表れるのか、ＩＮＥＴの意見が検証するための参考になればと思います。

なぜあのオリガルヒは制裁されなかったのか

本書のテーマの1つが、アメリカに盲従することで、振り回され続けている祖国日本の未来を考えることです。アメリカはロシアに対して強硬姿勢を見せていますが、そうでない部分もあります。あからさまに手を抜いているところが指摘されているのです。

アメリカ政府はロシアのオリガルヒに対する制裁を拡大・強化していますが、２０２３年8月11日、「ニューヨークポスト」は“Hunter Biden's Russian business associates spared by US sanctions-again”（ハンター・バイデンのビジネス仲間はまたもや制裁を逃れた）で、２人のオリガルヒが制裁対象から外され続けていることを疑問視しています。

１人目はエレナ・バトゥリーナ。元モスクワ市長の妻で、バイデンの息子ハンター・バイデンに、２０１４年2月14日、約３５０万ドルを送金しています。

ウクライナ政変の時期にぴったり合うわけですが、この後、バトゥリーナはワシントンＤＣでハンターが主催した食事会に参加し、その場には副大統領時代のバイデンがいたことが分かっています。

２人目は、ウラジーミル・イェフトゥシェンコフです。２００７年には世界49位の富豪とされた、ロシアのオリガルヒの筆頭格です。つい最近まで、軍需企業や、銀行の経営権を握っていました。イェフトゥシェンコフは2012年3月ニューヨーク、2013年1月ワシントンDCで、ハンターと不動産取引に関して接触していたことが分かっています。これは、ハンターがデラウェア州のパソコン修理店に修理に出したままにしたパソコン（"Laptop from Hell"「地獄からのパソコン」）の中に残されていたデータから裏付けられています。

2023年8月12日には、「デイリーメール」などが、もう1人のハンターと関係のあるオリガルヒに関する報道をします。カザフスタンのオリガルヒのケンゲス（ケニス）・ラキシェフです。ラキシェフは2014年4月22日、ハンターに高級車の購入資金として、約14万ドルを送金しています（正確には、ハンターのビジネス仲間デボン・アーチャー経由ですが、長くなるので割愛します）。

政府や権力者の透明性を求める団体"Kazakhstani Initiative on Asset Recovery (KIAR)"の報告書によると、ラキシェフが共同経営しているとみられている軍需企業Kazakhstan Paramount Engineeringの装甲車がチェチェン共和国に供与され、ウクライナ侵攻に使用されていることが明らかにされています。2022年4月に激戦地になったマリウポルで市街地を走行している動画が残されています。企業側はラキシェフが共同経営権を持っていることを否定していますが、ＫＩＡＲは関係者からラキシェフのメールを入手し、裏取りをしています。

ロシア支援に直接関与していることが分かった人物もいますが、なぜかバイデン政権は制裁の対象に入れることをしません。単なる偶然なのか、それとも……。

このように、バイデン政権に付き従い、言われたとおりのことを自国経済を犠牲にしてでもこなしている日本ですが、本当にこのままアメリカべったりでいいのでしょうか。

ウクライナ侵攻の対応をめぐり、世界は2分されていきました。その中で急激に存在感を増しているのがＢＲＩＣＳです。

2　BRICSの台頭

BRICSと新開発銀行

ＢＲＩＣＳとは、ブラジル、ロシア、インド、中国、南アフリカの頭文字をとった言葉で、ウクライナ侵攻以後、Ｇ７に対抗する〝同盟〟のように扱われています。

実際は経済的な繋がりを中心にした〝グループ〟です。

BRICSという言葉は2001年に、大手投資銀行ゴールドマンサックスのジム・オニールが、南アフリカを除く4カ国を〝BRIC〟（ブリック）と呼んだことに始まります。この当時は、投資家向けに、急成長する国の総称として使われていました。その後、2009年に初めての4カ国による首脳会議が開催され、2011年に南アフリカが参加したことで、BRICSになりました。

2023年8月22日〜24日にかけ、南アフリカで開催された第15回BRICSサミットでは、新たに6カ国を招待することが決まった。サウジアラビア、イラン、アラブ首長国連邦（UAE）、エジプト、エチオピア、アルゼンチンです。2024年1月に正式加盟ということになりますが、正式に加盟申請をしたのが23カ国、加盟に興味を示していた国を含めると40カ国を超える中、6カ国だけの加盟が承認されました。正式な加盟手続きはなく、BRICS5カ国の賛同を得る必要があります。インドは中国の影響力増大の懸念、ブラジルはアメリカを刺激しすぎないことなど、各国の思惑があり、加盟申請をすべて承認することはありませんでした。

11カ国体制のBRICSの占める世界人口の割合は47%、世界のGDPに占める割合は36%と、経済規模はG7と肩を並べる存在になり、2030年には世界GDPの50%を超える推計があります。

ＢＲＩＣＳは『新開発銀行』を２０１４年に共同出資で設立している。ＩＭＦ（国際通貨基金）の代替をつくることで、アメリカドルに依存し、アメリカの影響を受け続ける経済構造からの脱却を狙った動きでした。約１０００億ドルの資本金により設立され、本部は中国の上海、地方支部がブラジル、ロシア、インド、南アフリカに置かれ、主にインフラ計画への融資がされています。

新開発銀行はすでにアメリカドルの代替になることができず、敗北していると言われていますが、そのことは後述いたします。

ＢＲＩＣＳサミットの成果

ＢＲＩＣＳの第15回サミットが２０２３年8月22日～24日、南アフリカのヨハネスブルグで開催された。「ＢＲＩＣＳによる金（ゴールド）を裏付けにした〝ＢＲＩＣＳ通貨〟が発表され、ドル覇権が終焉《しゅうえん》を迎える日になる」「40カ国以上が加盟し、グローバルサウスを中心にした新秩序の幕開けになる」など、さまざまな憶測が飛び交っていました。

サミットの結果がどうだったのかを調べようとしたときに気づいたのですが、ＢＲＩＣ

Sサミットに関する報道がほとんどされておらず、多くが「6カ国が加盟した」程度に留まっていた。BRICSの重要度は低いと考えているのか、それとも〝あえて〟注目しないようにしていたのかは分かりませんが……。

さて、結果ですが、事前の憶測が壮大だっただけに、それと比べてしまうとそこまでインパクトのあるものではありませんでした。サミットに参加していた南アフリカ共和国の関係者の話によると、「インドとブラジルは、中国とロシアがBRICSをアメリカと〝戦うために〟使うことを懸念し、いくつかの国の加盟承認に消極的だった」とのことです。これはサウジアラビアとイランのことでしょうか。

両国は「BRICSを武器化せず、途上国の発展に寄与する」確約を得たことで、6カ国の承認をしました。

来年のサミットまでに、BRICS加盟国の外務大臣は、パートナーになり得る可能性のある国のリストアップをすることが決まっていて、まだまだBRICSは拡大しますし、BRICS加盟を狙う国々がBRICS加盟国にすり寄るのは間違いありません。自然と西側諸国と距離をとろうとする国が増えるかもしれないということです。

注目された脱ドルの動きに関しては、BRICS通貨ではなく、自国通貨による決済取引を拡大することが決まりました。

ＢＲＩＣＳ加盟国だけで、世界の食糧の3分の1を占めていることを念頭に、食糧安全保障の協力強化や、ロシアとウクライナの問題の〝仲介提案〟に対する感謝などが採択されました。

加盟した6カ国

正式にＢＲＩＣＳ加盟の招待を受けた6カ国ですが、エチオピアを除き、天然資源が豊富な国という共通点があります。

▼サウジアラビア
中東の盟主で、原油埋蔵量はベネズエラに次いで世界2位。原油産出量もアメリカに次いで世界2位。天然ガスの埋蔵量は世界3位、産出量世界9位という、世界のエネルギー市場で重要な国の1つ。

▼イラン
原油埋蔵量世界4位、産出量9位、天然ガスは埋蔵量が世界2位、産出量3位で、天然資源に恵まれている。イランはテチアン金属ベルトと呼ばれる、鉱産資源に富む地帯が通っていて、世界2番目の規模の銅鉱山サルチェシュメ鉱山を持つなど、アメリカの制裁を

回避、または無効化することができれば、イランは世界有数の資源大国になることができる素質を秘めています。

▼アラブ首長国連邦（ＵＡＥ）

原油と天然ガスの埋蔵量はともに世界8位、原油生産量世界7位という豊かな資源に加え、世界の金融のハブの役割を果たしているドバイを持つ国。

アメリカの重要な同盟国の１つでしたが、ドバイが西側諸国の制裁下のロシア経済の下支え的な役割を果たしたり、２０２２年にはＵＡＥ大統領がロシアを訪問し、中国による空軍訓練を受け入れるなど、アメリカ離れ（バイデン離れ）に動いています。

▼エジプト

アメリカの重要な同盟国で、アメリカからの軍事支援を最も受けている国の１つ。一方で、ロシアや中国との関係も深めています。

ロシアのウクライナ侵攻の影響で、アメリカドルに依存していることの自国経済（海外からの投資・資源輸入価格の高騰）へのリスクを受け、脱ドルを望んでいる国であり、ＢＲＩＣＳ加盟で、グループ内の貿易促進と自国通貨を使用した決済を狙っていると報じられています。天然ガスの生産量が世界13位の国です。

▼アルゼンチン

ラテンアメリカでブラジル、メキシコに次ぐ3位の経済規模の国。執筆段階で大統領選挙が終わっておらず、「極右」とレッテルを貼られ、中央銀行の廃止など、大胆な公約を掲げているハビエル・ミレイが優勢と報じられています。

ミレイ候補の公約の1つが、自国通貨ペソを廃止し、アメリカドルに切り替えることで、ドル離れに反対する勢力として、ＢＲＩＣＳ内でどのような立ち回りをするのかに注目が集まります。

アルゼンチンは世界トップのリチウム産出国（後述）であるだけでなく、バカムエルタ地区にはシェールオイル・ガス層があり、シェールガスは世界2位、シェールオイルは世界4位の埋蔵量です。

▼エチオピア

エチオピアはアフリカ大陸で最も人口の多い国で、中国とインドとの取引を中心にして経済が急成長していましたが、内戦の影響で経済はガタガタになっています。南アフリカはＢＲＩＣＳ初期メンバーの中で最も経済規模が小さいのですが、エチオピアはその半分以下。

エチオピアの魅力はアフリカ連合の本部や国連のアフリカ経済委員会の本部があることです。首都アディスアベバは別名「アフリカ大陸の外交首都」とも呼ばれています。「アルジャジーラ」は経済成長と外交首都との役割を考えれば、エチオピアの加盟は「賢明」だと評価しています。また、中国の一帯一路構想で、アフリカ大陸で重要な役割を果たしている国でもあり、原油輸送などの要衝スエズ運河が目と鼻の先にあります。

11カ国体制のBRICSのポテンシャルと未来

2024年1月から11カ国体制になるBRICSがいきなり世界の頂点をとるようなことはあり得ませんが、これまでの世界秩序に影響を及ぼすことは間違いありません。先述のとおり、エチオピアを除き、BRICSは天然資源を豊富に持つ国が集まっています。Center for Strategic and International Studies（CSIS）は8月25日、"Six New BRICS: Implications for Energy Trade"（6カ国のBRICS加盟：エネルギー貿易への影響）で、すべての産業の基盤になる、天然資源分野でBRICSが大きな影響力を持つ可能性を指摘。

新たに加盟することになるアルゼンチンは世界有数のリチウム埋蔵国です。リチウムは、スマートフォンや電気自動車のバッテリーなどに必要で、これからガソリン車の新規販売を禁止して、電気自動車に切り替えていく国が増えていくのに合わせ、需要が急拡大

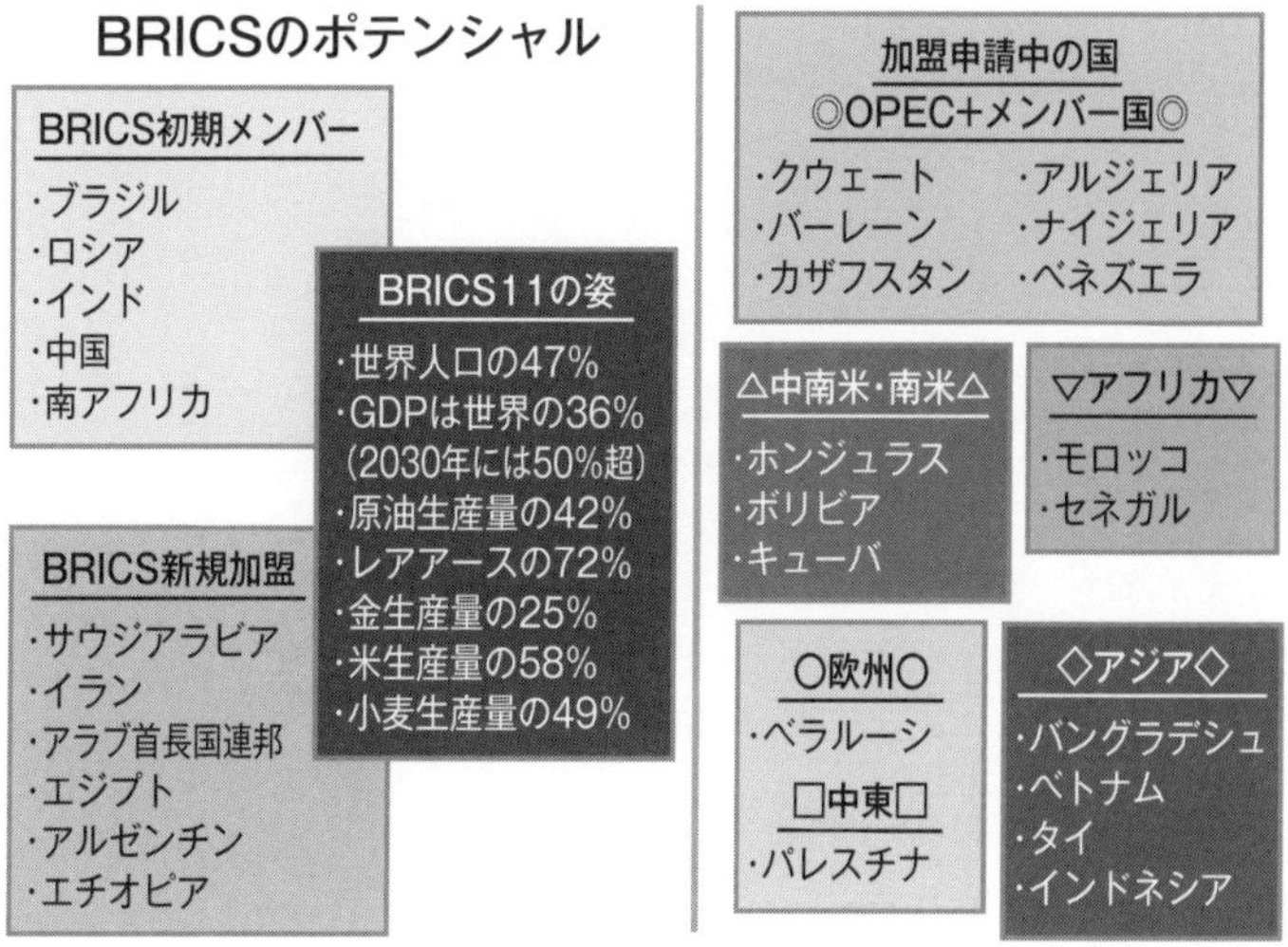

していく貴重な資源です。ちなみにリチウムはレアアースには含まれません。

ＪＰモルガンは、アルゼンチンの２０２１年時点でリチウム産出量が世界で６％程度だったのが、２０３０年には16％まで上がり、チリを抜いて世界2位の産出国になると予測しています。

それだけでなくＢＲＩＣＳ11カ国でレアアースの72％、マンガンは75％（電池や鉄鋼などに使用）、グラファイトは50％（自動車部品～鉛筆まで幅広く使用）、ニッケルは28％（さまざまな電子機器などに使用）、銅10％（イランの埋蔵量を除く）を保有することになる。

また世界の原油市場は引き続きＯＰＥＣ＋が牽引することになるとしつつ、生産量の42％を占めるＢＲＩＣＳが影響力を持つ可能性は十分にあるとも。実際、CSISは指摘していませんが、「フォーブス」は「OPECの原油生産量は38％で、BRICSが上回ることになる」と指摘しています。

このように、世界の経済活動に必須になる天然資源の多くがBRICSに囲われていることになります。CSISは「現時点では、エネルギー市場にとってBRICSは〝飾り〟のようなものでしかないが、参加国がアメリカの金融システム・ドルを避ける方法を探す合図だ」としていて、数十年後に、世界秩序の転換点だった日になる可能性があることを示唆しています。

BRICSは一枚岩ではない

今回のサミットでも、インドと中国の緊張は明らかだったと言われるように、BRICSは一枚岩ではありません。アメリカとの対立を鮮明にしているロシア、中国に対し、インド、ブラジル、南アフリカには躊躇《ためら》いがありました。

「アルジャジーラ」は8月24日記事〝A wall of BRICS: The significance of adding six new members to the bloc〟（BRICSの壁：BRICSに新たに6カ国が加盟した意義）で、「エジプト、サウジアラビア、UAE、インドと南アフリカは、片足はBRICS、

もう片方の足を西側諸国に入れている」と指摘、その上でイランの加盟を承認したことに注目しています。

「イランをＢＲＩＣＳに加盟させるということは、Ｇ７、グローバルノース、ワシントン（米国）に対する強烈なメッセージ」だと言います。そのメッセージとは「ＢＲＩＣＳメンバーの誰かと問題を抱えようが、我々は彼らをここに居させ続ける」、「〝あなた〟の問題は〝我々〟の問題ではない」。今のロシアに対する制裁が例でしょう。西側諸国がロシアに制裁を科すことは好きにすればいいが、それをグループ全体に押し付けるな、ということです。

ＢＲＩＣＳの中には反西側国家はありますが、すべてではありません。たとえばインドやサウジアラビアのように、アメリカを中心にした西側諸国に経済的・技術的・軍事的に頼らざるを得ないが、国の成長を最優先に考えた場合、西側諸国との関係だけでは足りないし、足枷になる。そのような国が、ＢＲＩＣＳを利用して成長しようとしているのです。ですから、〝アメリカ打倒〟というよりも、〝アメリカ越え〟を狙うグループと捉えるべきです。

「アルジャジーラ」は8月22日記事“Can BRICS create a new world order?”（ＢＲＩＣＳは新たな世界秩序をつくることができるか）でも、「ＢＲＩＣＳを親中反欧米と単純に思うかもしれないが、それは違い、成長している世界的な感情を代表しているということに、やがて耳を傾け、受け入れるときが来る」という指摘をしています。ちなみに、別記事“BRICS expansion could be a bad idea. Here's why”（ＢＲＩＣＳの拡大は悪い考えかもしれない理由）では、中国とインドのように、領土問題を抱えていることや、ロシアと西側諸国の関係、インド、ブラジル、南アフリカのように、アメリカと手を切ることが不可能な国があるなど、初期メンバー5カ国だけでも難しい問題を抱えている中、サウジアラビアやイランのようなややこしくなりそうな国々を入れることで、不明瞭で合意をとることができなくなる危険性が出てくることが指摘されています。

ＢＲＩＣＳの顔ぶれを見ると、極端な言い方をすると、「人権なんて知ったこっちゃない。国同士の問題も横に置いておく。それよりも国を成長させることを第一に考えるぞ」というグループで、西側諸国からの〝説教〟を「はいはい」と右から左に聞き流し、自国の利益を最優先に邁進できるマインドを持った国々に思えます。

西側諸国と比べ、少ない制約下で動けるわけですから、これから数十年後で西側諸国と肩を並べるどころか、追い抜かれる可能性があるのではないでしょうか。

それを防ぐため、アメリカやイギリスがしそうなことと言えば、お得意の工作活動です。親米・新西側政権樹立のために、余計なことをしなければいいのですが……。

3 次の覇権を決める〝脱ドル〟の行方

ドル決済から自国通貨決済

ＢＲＩＣＳサミットが開催される前に盛んに議論されていたのが、世界の脱ドルの動き〝De-Dollarization〟です。

サミット直前に南アフリカが「ＢＲＩＣＳ通貨は議題にない」と明確に否定していましたが、ＢＲＩＣＳ加盟国を中心に、アメリカドルではなく、自国通貨決済が広がりを見せつつあります。

中国の人民元をフランス、ブラジル、アルゼンチン、ロシア、シリア、イラク、タイなどの国が決済に使うと発表、または、すでに使い始めている。バングラデシュやパキスタンはロシアへの支払いに人民元を使っている。インドはインドルピーをＵＡＥの原油輸入代金の決済に使うなどしています。

アメリカドルが世界の基軸通貨として、アメリカの強さの根源になっていますが、今後ドルはどうなるのか?

原油取引決済通貨として「ペトロダラー」とも呼ばれるアメリカドルですが、その価値が下がることは、大量のアメリカ国債を保有している(させられている)日本は他人事ではありません。

脱ドルは〝現時点では〟難しい

アメリカドルが紙くずになることは〝すぐ〟にはあり得ません。

2023年4月10日、「エポックタイムズ」〝The US Dollar Isn't Going Anywhere〟(アメリアドルはどこにも行かない)で、「アメリカドルとロシアや中国は手を切りたがるが、代替がない」と指摘します。この記事が出たときは、BRICS通貨の話が最も盛り上がっていたころでした。BRICS通貨か人民元決済をOPECが受け入れるのではないかという憶測も飛び交っていました。

これらの憶測を「エポックタイムズ」は「かなり誇張されていて、脱ドルは克服できない課題がある」と否定しています。

理由としてまずあげられていたのが、アメリカドルの現状です。

金保有量

Country	Last
United States	8,133
Germany	3,353
Italy	2,452
France	2,437
Russia	2,330
China	2,113
Switzerland	1,040
Japan	846
India	797
Netherlands	612

出所：https://tradingeconomics.com/country-list/gold-reserves

現在、アメリカドルは世界の90％以上の通貨取引に使われています。各国の外貨準備高の約60％はアメリカドルかそれに準ずるものです。

コモディティの取引通貨のほとんどがドルで、約74％。

このように、脱ドルをするにしても、思った以上に市場に浸透しています。投資家はリスクを嫌うので、ドルを手放すことを良しとする投資家はなかなかいない。

この主張に対し、ドルは金（ゴールド）の裏付けがないことが指摘されます。

確かにアメリカドルは金の裏付けはありませんが、それは他の通貨も同じことが言えます。現在のドルの裏付けになっているのは、原油決済通貨の役割があることだけでなく、アメリカの経済力および世界最強の米軍の存在です。最悪の場合、増税をすることで、アメリカ国民から吸い上げることができるお金が十分にあるのです。

また、仮に金（ゴールド）を裏付けにした通貨をつくる、またはそのような制度に移行した場合はどうなるか。これもやはりアメリカドルに軍配が上がります。

世界で最も金を保有しているのもアメリカだからです。2023年5月時点で、8133トンで世界トップ、2位ドイツが3353トン、3位イタリア2452トン、4位フランス2437トン、5位にようやくBRICS加盟国のロシアが入ってきて、2330トン。6位にいるのが中国で2113トン。BRICS加盟5カ国の総保有量を足し合わせても5442トン。とうていアメリカには敵いません。ちなみに、金の生産量は中国が約375トン、ロシアが約325トンと、アメリカの約170トンを大きく上回っていることは補足しておきましょう。

そもそも通貨発行が金の量に制限される金本位制は各国政府・中央銀行にとって足枷となります。

既存の通貨で最も可能性があると言われているのが中国の人民元ですが、BRICSの内部事情だけでも、現実味がありません。

ロシアは西側諸国からの制裁により、中国との一部取引決済を人民元で行っていますが、ロシアがルーブルを手放す可能性があるという意味にはなりません。

また、インドが人民元を受け入れるなど万が一にもあり得ないでしょう。なぜなら、アメリカ依存の経済構造が中国依存に変わるだけですし、世界中のどこでも使え投資できる金融商品も多いドルとは違い、人民元は使い勝手が悪いからです。

このように、〝現時点では〟アメリカドルに取って代わる新たな通貨は存在しないということです。

脱ドルはすでに失敗していた

最後に、実はＢＲＩＣＳによる脱ドルの試みがすでに失敗している例を紹介します。

２０２３年6月16日、「ウォールストリートジャーナル」は〝A Bank China Built to Challenge the Dollar Now Needs the Dollar〟（中国がドルに挑戦するために設立した銀行が、今やドルを必要としている）で、アメリカドルを中心にした世界金融システムを崩すはずが、結局アメリカドルに依存することになっていることを報じています。

ＢＲＩＣＳは5カ国の共同出資で新開発銀行を設立し、中国に本部を設置したことは先述のとおりです。ＩＭＦ（国際通貨基金）のドルベースに取って代わるように設立しましたが、つまり、脱ドルの動きだったわけです。

ところが当初の目論見と違い、資金調達に難航、不足分は中国の銀行からだけでは足りず、3分の2近くはウォールストリートからの調達に頼らざるを得なくなりました。ドルの代替になるはずが、生き残るためにドルが必要になったのです。

人事にも問題があります。2023年3月、新開発銀行の新総裁にブラジルのジルマ・ルセフ元大統領が就任しています。ルセフ元大統領は国家会計の不正がバレ、弾劾裁判で罷免されている人物で、2022年に汚職の容疑で起訴されてもいました（その後起訴取り下げ）。

総裁はBRICS5カ国の持ち回りで、2025年からはロシアから選出されます。現在ロシアに対する融資は止められていますが、ロシアはそれを再開する可能性が高いと「ウォールストリートジャーナル」は指摘、ロシアのウクライナ侵攻の後処理次第では、アメリカからの資金すら流れて来なくなる可能性があるのです。

先日のBRICSサミットでは、脱ドルを狙う新通貨発行ではなく、自国通貨の使用を拡大することが合意されています。

少なくとも現時点では、アメリカドルの代替通貨はないので、〝脱ドル〟ではなく、〝弱ドル〟を目指すのではないでしょうか。そのうえで準備が整えば、〝次の世代〟が脱ドルに向けた仕上げをするかもしれません。

６月５日、「ロイター」は"JPMorgan flags some signs of emerging de-dollarization"（ＪＰモルガン、脱ドルの兆候を指摘）で、「全体的なドル使用量は歴史的な範囲内にあり、アメリカドルは依然としてピークの頂点にあるが、よく見ると、より2分された図式が見える」と、将来的な弱ドルの〝兆し〟を指摘しています。そのときがいつ来てもいいよう、日本も次の世代に向けた準備をすべきでしょう。

アメリカでバイデン政権誕生を皮切りに世界秩序が崩壊していますが、政治的・軍事的な変化だけでなく、経済的な変化も起きています。良い変化が起きている国もあれば、悪い変化が起きている国もあります。日本は自ら悪い方向の変化が起きているグループに飛び込んで行っています。よぼよぼで何言ってんのかも分からないような、歴代最弱の大統領がいる今こそ、日本が変わるチャンスのはずです。サウジアラビアやインドはまさにそのチャンスを逃すまいとしています。

国を思う強いリーダーシップのある人物が舵取りをしていれば、世界の中で日本の地位を上げることができる絶好の機会なのです。

第５章で扱う２０２４年大統領選挙でどのような結果が出ようとも、日本は自ら動く必要が必ず出てきます。仮に民主党政権が継続した場合、いよいよ第三次世界大戦になるでしょう。そうなると、西側諸国べったりなぞしていられなくなります。国民の生命に関わる事態に巻き込まれる危険性があるからです。

共和党トランプ政権誕生の場合、アメリカはぐちゃぐちゃの自国内の立て直しで日本に構っている暇などありません。自立を求められるはずです。当然ですが、これは日米同盟解消という意味ではなく、アメリカ依存からの脱却を迫られるということです。言い換えると、日本が独自に自国優先で動くことが可能になるという意味ですから、そのためにも日本は自立の準備をしなければなりません。

第5章

日本の未来を決める2024年大統領選挙

1 岐路に立つアメリカ

アメリカ建国史上最重要の選挙

２０２４年11月5日（火）、アメリカで大統領選挙の投票日を迎える。４年に一度の世界が注目する一大イベントですが、おそらくアメリカ建国史上、いや、文明社会発展史上で最も重要な選挙になるのではないでしょうか。

大統領１人変わっただけで、ここまで極端な大きな変化が世界に起きるとは想像できなかった人が多いのではないでしょうか。

アフガニスタン敗走、ロシアのウクライナ侵攻、インフレ爆発、日本にも波及した過激なＬＧＢＴムーブメント。例をあげ出すとキリがないほど、世界は一変しました。もちろん、悪い意味で。

２０２４年はトランプ前大統領が勝つことができなければ、いよいよアメリカ内部の分断は修復不能になるでしょうし、第三次世界大戦が勃発する危険性も出てきます。「そんな大袈裟《おおげさ》な……」とは、もう誰も言えない事態になっていることは誰しもが納得するのではないでしょうか。

そして、もし東アジアでの台湾侵攻＝日本侵攻が起これば、アメリカの代理戦争として日本が敵対する中国の前面に立たされる可能性もあるのです。

ここまで本書では、バイデン政権発足後の世界の変化を振り返ってきましたが、最後に２０２４年に触れておきたいと思います。

大統領選の次に重要な連邦上院議員選挙

大統領選挙からいきなり脱線するのですが、２０２４年選挙は、大統領選挙だけが重要なのではありません。同時にさまざまな選挙があるのですが、連邦上院議員選挙も注目するべきです。もちろん、連邦下院議員選挙で、過半数をおさえることも重要です。

執筆段階の連邦上院議員のパワーバランスは共和党49議席、民主党51議席です。

上院議会で最も重要な役割の1つが「人事承認権」です。アメリカでは長官や副長官など、各省の高官は大統領が指名し、上院議会が公聴会で適格を吟味した後に承認します。

また、すべての連邦裁判所の判事の承認権もあります。後述しますが、バイデン民主党による〝司法の武器化〟を支えている1つが連邦裁判官です。特にバイデン政権は、裁判官として適格な人物ではなく、〝左翼活動家〟を送り込み続けていて、アメリカの司法システムそのものを崩壊させています。

たとえば、2023年1月25日に指名承認公聴会に登場したシャルネル・ビェルケングレン。共和党ジョン・ケネディ連邦上院議員の「憲法5条に関する見解を述べてください」という質問に対して衝撃的な返答をしました。憲法5条は憲法修正手続きに関することです。

ビェルケングレンの返答は「何も思い浮かびません」でした。

唖然とするケネディ議員は「では、憲法2条に関してはどうですか?」と問います。

これに対しても「何も思い浮かびません」と返答。

その後、別の法律解釈に関する質問にも「分からない」と返答。

そして、「私の12年間の司法次官補の経験、9年間の裁判官の経験で出会ったことのない質問です」と主張します。そうです、この人、なんと裁判官なんです。ワシントン州の司法長官オフィスで司法次官補の経験と、スポケーン郡の現役の裁判官なのです。

3月22日に指名承認公聴会に登場したケイト・クルーズもなかなかの大物でした。

ケネディ議員は「〝Brady motion〟をどのように分析しているか話してください」と問

います。

これに対し、「?・?・?・」の顔をし、宙を見上げ、「4年半の裁判官の経験の中で、取り扱ったことはない」と回答。ケネディ議員に「“Brady motion”を知っているか」と聞かれ、クルーズは「裁判官として取り扱ったことがないので、何か分かりません」と回答します。

ケネディ議員は「連邦最高裁のブラディ対メリーランドの判例を思い出せますか」と聞きます。クルーズは「名前は思い出せます」と回答、ケネディ議員は「何に関する裁判か」と追撃。これに対し「修正憲法第２条（銃所持の権利の保障）に関するものだ」と回答します。

“Brady motion”（ブラディ動議）は、「ブラディルール」に則り、弁護側による検察が保持する証拠品提供の申し立てがあった場合、被告人の無罪を証明する可能性があるものを含め、すべての証拠品を開示しなければならないルールのこと。

１９６３年連邦最高裁のブラディ対メリーランド裁判が由来です。当時、ジョン・レオ・ブラディは、強盗目的で仲間と車を盗もうとしますが、もう1人の仲間チャールズ・ボブリットが車の所有者の首を絞めて殺しました。ブラディは殺人の罪で死刑判決を受けましたが、殺したのはブラディではなく、ボブリットでした。死刑判決後、検察がボブリットの5つの調書のうち、4つだけを裁判証拠として弁護側（ブラディ）に提供し、1つは隠匿されていたことが発覚します。この1つには、ボブリットが殺害を実行したという自供がありました。つまり、ブラディが殺害をしていないことを証明する重要証拠が検察により隠されていたのです。殺人に関与した事実は変わらないため、再審は認められませんでしたが、新たな量刑審理は認められ、終身刑に減刑されました。その後、ブラディは仮釈放が認められ、フロリダ州でトラックドライバーとして新たな生活をスタートさせています。

脱線しましたが、ブラディ動議（ルール）は、被告人の憲法で保障されている権利に関する重要なもの。これから法により、人を裁く裁判官に任命されようとしている人物が「知らない」「銃の権利に関する裁判」とトンチンカンなことを言っているのです。

いや、クルーズの発言から分かるとおり、すでにコロラド州で裁判官として4年半の経験を積んでいます。すでに不適格者が人を裁いています。

これが、バイデン政権の送り込んでいる〝裁判官〟の実態です。人々を裁くことが許されている役職です。

バイデン政権の選考基準は、人格や知識、経験に基づいていません。性別、肌の色、性癖、思想です。誤解を恐れずに言いますと、

「だから何？」

「女性判事が増えました」「黒人判事をたくさん選びました」「ＬＧＢＴに寛容な多様性に満ちた人を選んでいます」

「で？」

人が人を裁く以上、適格があるかどうかが最重要であり、〝結果として〟「多様性に満ちた人選になりました」が健康的な社会ではないでしょうか。おそらく、「こういう差別主義者がいるから、アメリカから差別がなくならないんだ。お前は何も分かっていない」と反論をしてくる人も出てくるでしょう。

現実を見ろと言いたい。結果としてバイデン政権は不適格と言わざるを得ないような人物を選出しているのです。

記録的な数の左翼活動家が送り込まれていて、司法システムが壊されています。これがあと４年も続けば、「左翼団体が提訴→活動家裁判官が全面的に支持」という、司法をつかったアメリカの内部破壊が後戻りできないレベルで進行してしまいます。

上院議会で過半数をとることは、崩壊した司法制度の立て直しのため、不可欠な第一歩なのです。

また、４年間で破壊され尽くしたアメリカを建て直すため、〝強い〟リーダーシップを発揮できる有能な人材を各省のトップに据える必要がありますので、大統領ポストだけでなく、上院議会の過半数をおさえることができるかどうかに注目です。

さらに付け加えると、本書発刊時前後にあるケンタッキー州やヴァージニア州、ニュージャージー州の州議会選挙や州知事選挙の結果は、翌年の大統領選挙の勢いを占う指標として注目されています。

盗まれた2020年選挙

2020年11月3日の大統領選挙は明らかに盗まれたものでした。本来はトランプ前大統領が勝利していたと断言できます。第1弾書籍でも指摘しましたが、トランプ―バイデンの票差は〝見かけ上〟は700万票近くありますが、実際に勝敗を分けたのは、たったの2万1500票だったのです。アメリカの大統領選挙は〝選挙人票〟の争いであり、総得票数はどうでもいい、何の価値もない数字です。激戦州のうち、アリゾナ、ジョージア、ウィスコンシン州の3州のトランプ―バイデンの合計票差は約4万3000票、このうちの半分の約2万1500のバイデン票がトランプ票になっていただけで、勝敗はひっくり返っていたのです。ポンコツ投票機器の件は横に置いといて、この程度の票差でしたら、ハンター・バイデンのパソコンに関する報道の大規模検閲が勝敗に大きな影響を及ぼしたことは否定できない事実です。

２０２０年10月14日、「ニューヨークポスト」がハンターがパソコン修理店に置き去りにしたパソコンのデータをもとにした報道をしました。中国やウクライナから多額のカネを受け取り、バイデン本人も関与していた疑いが報じられたのです。「ニューヨークポスト」の報道の詳細は第１弾書籍で紹介しているので割愛します。

10月19日、「ポリティコ」に“Hunter Biden story is Russian disinfo, dozens of former intel officials say”（ハンター・バイデンの話はロシアの偽情報と、数十人の元情報当局者が語る）で、51人の元諜報機関高官と９名の匿名の諜報機関職員、合わせて60人が「ロシアのお手本のような工作活動」として、ハンターのパソコンは偽物であり、トランプ勝利を望むロシアによる工作活動であると報じたのです。諜報機関高官というのは、元ＣＩＡ長官、国家情報局長官、ＮＳＡ長官、国防長官、国防情報局長官、国家対テロ対策室長官など、そうそうたる顔ぶれです。左派がロシアにこだわる理由は２０１６年に、民主党とヒラリー陣営がでっち上げた〝ロシア疑惑〟に由来するのですが、長くなるのでこれも割愛。

「ポリティコ」の記事は、10月22日にあった大統領候補者討論会でバイデンが引用し、ハンターパソコンはロシアの工作であり、陰謀論であるという印象が一気に広がりました。まさかいまだにハンターのパソコンをロシアの工作とか偽物と信じている人はいないと思いますが、当時はロシアの陰謀ということにされていたのでした。

２０２３年4月20日、連邦下院司法委員会委員長のジム・ジョーダンが、ブリンケン国務長官に一通のレターを送りました。

そこには、ハンターパソコンをロシアの工作活動と印象付けた60人諜報機関共同声明作成の裏側が記されていました。

司法委員会はマイケル・モレル元ＣＩＡ長官代行を召喚し、宣誓供述をさせています。モレルこそが、共同声明をまとめた人物だったためです。

モレルは10月17日、現国務長官で当時のバイデンキャンペーン外交政策担当だったブリンケンから電話を受けます。そこで諜報機関のネットワークを使い、ハンターパソコンがロシアの工作活動とする共同声明の取りまとめを依頼されていたのです。

つまり、ハンターパソコンに関する〝意図的に誤った〟ロシアの工作活動という印象付けをすることになった声明文は、バイデン陣営の依頼で作成されていたのです。２０１６年選挙の「ロシア疑惑」はヒラリー陣営と民主党全国委員会がカネを出してでっち上げていたことが、連邦選挙委員会から〝認定〟され、罰金を科せられています。民主党は選挙のたびに汚いインチキをしているということです。

ブリンケンはモレルの共同声明文取りまとめのモチベーションになるよう、モレルにこう伝えます。

「ＣＩＡ長官のポストの候補者リストにあなたの名前があります」

俄然《がぜん》やる気になったモレルは２日間かけて署名をかき集め、それが「ポリティコ」に掲載され、左派メディアが引用・拡散し、大統領候補者討論会で引用され、大統領選挙の結果に影響を与えるはずだった特報は闇に葬り去られたのでした。これには大手ＳＮＳ企業（ビックテック）の大規模検閲も関係しているのですが、長くなりますのでここで止めておきます。

ちなみに、モレルは結局ＣＩＡ長官になることはできていません。用済みだということでしょう。

同じようなことが起きないことを願うばかりです。

2 トランプ復活に立ちはだかる敵

武器化する司法

共和党の大統領候補はトランプ前大統領でほぼ間違いないでしょう。〝ほぼ〟の理由は、過激化しているトランプ降ろしの行きつく先に暗殺があるかもしれないからです。

執筆段階で4件の刑事起訴がありましたが、起訴されるたびにトランプ前大統領の支持率は上がっています。

何をされても不死鳥の如く立ち向かってくるトランプ前大統領に対して、バイデン政権の「司法の武器化」はエスカレートしています。

今の左翼に乗っ取られた民主党が支配するアメリカは、中国や北朝鮮となんら変わらないと思います。むしろ「民主主義の脅威」などという寝言を言いつつ、共産国家と変わらないことをしていますので、堂々と独裁をしている中国や北朝鮮のほうがマシかもしれません。

トランプ前大統領に対する起訴は〝偶然〟にも、バイデン民主党にとって不利になるようなことが明らかになった直後に起きています。

タイムラインを振り返ってみましょう。

①3月16日：バイデン家族のマネロンスキームの暴露

下院連邦議会の政府監督委員会は、ハンター・バイデンの仕事仲間ロブ・ウォーカーらの銀行口座情報を召喚状を使い入手、中国やルーマニア（この時点でルーマニアの国名は伏せられていました）から数億円の大金を受け取り、バイデン家族やビジネス仲間と山分けしていたことが明らかにされました。

バイデン家族の悪行の数々は本1冊で、ましてや1章で収まりきるものではありませんので、ここでは代表的なものを簡単に紹介します。

６００万ドルは２０１７年２月23日、３月１日の２日間に３００万ドルずつ送金されました。資金の出元を辿ると、中国共産党や人民解放軍と関係の深いイェ・ジャンミンの名前に繋がります。

バイデン家族とジャンミンの関係に関しては、第１弾書籍の第６章で解説していますので、参考にしてみてください。

ここでは具体例として、半分の300万ドル分の送金に触れます。

まず、中国側からロブ・ウォーカーの会社（ペーパーカンパニー）Robinson Walker LLC. に300万ドルを送金。その後、ウォーカーの会社からバイデン家族に関係する会社に約100万ドル、別のビジネス仲間のジェームズ・ギリアの会社に約100万ドル、そして、ウォーカーの手元に100万ドルを残していました。3分の1に分けて山分けしていたのです。

これはルーマニアの件も同じで、ガブリエル・ポポヴィチウというルーマニアの有力者から、総額約300万ドルが2015年11月5日〜2017年6月2日まで送られていましたが、最終的な合計金額はバイデン家族100万ドル、ロブ・ウォーカー100万ドル、ジェームズ・ギリア100万ドルと、3分の1ずつの山分けされていました。ルーマニアに関しては、バイデンが副大統領時代から始まっています。

重要なのは、この資金が正当なものかどうかということです。何かモノやサービスを提供していればいいですが、たとえばお金を受け取ったバイデン家族の中にハリー・バイデンがいます。

ハリーはハンターの亡き兄ボー・バイデンの妻で、兄が亡くなった後にハンターと交際をしていたことがあります。ハンターが違法に購入した拳銃を近所のスーパー近くのゴミ箱に捨て、大騒ぎを起こし、それが先日のハンターの重犯罪起訴に繋がった人物でもあります。

ハリーはペンシルベニア州でカウンセラーとして働いていて、中国からカネを受け取る理由がありません。

明らかに怪しいカネの動きが明らかにされた翌日、〝偶然〟にも「ニューヨーク州マンハッタン地区検察官が、トランプ前大統領を起訴する方針である」という情報がリークされ、「トランプ逮捕！」報道一色になり、バイデン家族のマネロン話はかき消されたのでした。

②６月７日：バイデン親子の１０００万ドル賄賂に関する内通者報告書

５月３日、ＦＢＩの内部告発者が上院・下院議会に接触、バイデン家族が海外から多額のカネを受け取っているという報告書の存在をＦＢＩが隠していることを明らかにしました。

ＦＢＩは世界中に内通者（情報提供者）を持ち、内通者の報告書は〝ＦＤ‐１０２３〟という文書にまとめられます。隠されていた報告書は、ウクライナのガス企業ブリスマに関するもので、内容をまとめると次のとおりです。

◆内通者はブリスマのアドバイザーで、別件でFBIに捜査協力し、信用ある情報源
◆バイデンが〝副大統領時代〟のことで、外交政策に影響を与えた（当時のバイデンは副大統領として、ウクライナへの対応を指揮）
◆ブリスマのCEOミコラ・ズロチェフスキーからバイデンが500万ドル、ハンターが500万ドルを受け取った
◆ヴィクトル・ショーキン検察長官による、汚職捜査を潰すことが目的
◆ズロチェフスキーは「いくつかの銀行を経由させる（マネロン）ので、カネの流れは10年以上先にならないと明らかにならないだろう」と語っていた
◆ハンターを取締役待遇で迎えたのは〝名前＝影響力〟
◆ズロチェフスキーは保険として17本の音声データを保持している
2本はバイデンとの取引のもの、15本はハンターとの取引のもの

ざっくりまとめるとこんな感じです。報告内容はアドバイザーがズロチェフスキー本人やその側近から聞いた話で、FBIはアドバイザーの渡航履歴を調べ、裏取りをすませています。

完全アウトな報告書の現物が公開されたのが6月7日。その翌日の6月8日に〝偶然〟にも、フロリダ州でいわゆる機密文書問題でトランプ前大統領は2度目の起訴を受けてい

ます。

③7月26日：ハンターの司法取引失敗

7月26日は心が躍った一日でした。この日は、ハンター・バイデンの司法取引をデラウェア州連邦地方裁判所が承認すると思われていた日でした。

多くのメディアが現場に駆けつけていましたが、「司法取引失敗」という速報が出たとき、生中継していた左派メディアのお通夜状態っぷりは、清々しいものでした（笑）。

ハンターの３つの罪状は次のとおり。２０１７年度と２０１８年度の納税申告遅れで、これらは軽犯罪に分類されます。もう1つは２０１８年の銃の違法〝所持〟で、これは重犯罪です。通常であれば、「薬中マネロン変態息子さん、牢屋へようこそ！」となるはずでしたが、司法取引と公判前ダイバージョンという制度を組み合わせ、すべての罪をなかったことにしようとしていました。さらには、ロビー法違反の捜査の可能性を潰すことも狙っていましたが、話がズレますので、ハンターの司法取引に関する問題点の指摘は割愛します。

司法取引の失敗、さらにはロビー法違反という、何をどうやっても刑務所送りを避けることができない犯罪の捜査の可能性が出たことでお祭り騒ぎになりましたが、〝偶然〟にも、その翌日の7月27日、トランプがフロリダ州で起訴されていた機密文書問題に、「監視カメラ映像を消そうとしていた」とする追起訴が発表されました。

④7月31日：デボン・アーチャーが議会で宣誓証言

ハンターの海外ビジネス最重要パートナーの1人がデボン・アーチャーです。ハンターとほぼ同時期にブリスマの取締役に就任していて、ウクライナとの取引やカザフスタン、中国などの国との取引の裏側を知る人物。2009年の最初期の中国との取引から、2016年5月に、約6000万ドル詐欺に関与したとして逮捕されるまでの間、ハンターの海外ビジネスに〝直接〟関与していました。ちなみに6000万ドル詐欺事件に関してハンターは「名前を勝手に使われていただけ」と主張し、起訴されていませんが、実際は20万ドル近いカネを受け取っています。

そんなアーチャーに対し、下院政府監督委員会は召喚状を使い、7月31日に非公開の場での宣誓供述をさせました。

アーチャーの宣誓供述で明かされた重要な点をまとめます。

◆〝副大統領時代〟のバイデンはハンターのビジネス相手と20回以上、電話で話したことがある

◆スピーカーフォン越しで会話していた
◆少なくとも2回は食事会に参加している
◆バイデンをビジネス相手に会わせたり、話をさせた理由は、バイデンという〝ブランド〟を売るため
◆バイデンの〝名前〟がなければ、ブリスマは潰れていた（＝〝バイデン〟に守られた）

バイデンは何度も何度も何度も何度も「息子と海外ビジネスに関する話をしたことは一度もない」と、ハンターの海外ビジネスへの関与の一切を否定してきました。これが大嘘も大嘘の大嘘だったことが証言されたのが7月31日。

この翌日の8月1日、〝偶然〟にもトランプは、ワシントンＤＣで、２０２０年選挙で不正があったという嘘で、アメリカ国民を騙し、１月６日議会襲撃事件を引き起こした罪などで起訴されました。

トランプ潰しの刺客ジャック・スミス特別検察官

２０２２年11月18日、メリック・ガーランド司法長官はトランプ前大統領に対する捜査のため、ジャック・スミスを特別検察官に任命しました。

スミスが選ばれたことは、バイデン司法省が本気でトランプ潰しにかかってきたことを示しています。

というのも、スミスは過去に手段を選ばずに司法を武器化し、保守系団体や共和党大統領候補者を潰しにかかってきた過去があるからです。

２０１０年1月21日、連邦最高裁はUnited Citizens対連邦選挙委員会の判決で、本選挙60日以内、予備選挙30日以内のテレビＣＭ禁止は修正憲法第１条の保障する言論の自由の侵害であると認定しました。

このころ、オバマ熱狂は冷めていて、保守系団体の勢いが増していました。

２０１０年中間選挙に向け、保守系団体の活動が活発になることを警戒していたオバマ司法省は、司法の武器化でその動きを封じることができないかを検討していました。

２０１０年10月、司法省パブリック・インテグリティ（公共の健全性）部門とＩＲＳ（歳入庁）が、どのような法を使い、保守系団体を狙い、潰しにいくかを話し合うミーティングが実施されました。

徹底した税務調査をすることで、保守系団体を潰すことが検討されていましたが、このときの司法省側のトップがジャック・スミスだったのです。

ＩＲＳは２０１７年に、標的にした保守系団体に正式に謝罪をしていますが、２０１４

年12月に下院議会報告書で、ジャック・スミスは司法省の危険人物として名指しされていました。

２０１４年には、元ヴァージニア州知事ボブ・マクドネルを収賄罪で起訴。マクドネルは２０１０年にオバマの一般教書演説の共和党反論の代表になっていたように、有力大統領候補の１人でした。２０１６年に連邦最高裁が８―０という全会一致で、マクドネルの収賄の有罪判決を覆しましたが、この時点で予備選挙は終了していたため、大統領選挙に立候補することはできませんでした（トランプ政権が誕生したので結果オーライですが）。

このように、スミスは目的のためなら手段を選ばない男なのです。ちなみに、スミスの奥さんは熱烈な民主党支持者で、ミシェル・オバマのドキュメンタリー作品制作をしています。

ゴミのようなジョージア州起訴

8月14日、ジョージア州でトランプ前大統領を含む19人が、２０２０年選挙結果を覆そうとしたなどの罪で起訴されました。

起訴を主導したのは、フルトン郡地方検察官ファニ・ウィリス。極左のドン億万長者のジョージ・ソロスから多額の資金を受け取っている極左検察官です。「治安なんぞ知るか！　そんなことよりトランプガー！」の人物です。

起訴内容の中に、いわゆる「偽造選挙人票問題」があります。アメリカの大統領選挙は先述しました〝選挙人票〟により、選挙結果が決まります。

２０２０年の場合、11月３日が投票日でしたが、そのときの投票結果を〝参考〟にして、州を代表する〝選挙人〟が12月14日に集まり、〝選挙人票〟を投票し、２０２１年１月６日に開票作業がされました。

２０２０年選挙では、ジョージア、ミシガン、ペンシルベニア、ウィスコンシン、アリゾナ、ネバダ、ニューメキシコ州で、民主党の選挙人団とは別に、共和党選挙人団が集まり、選挙人票の投票を実施していました。

これを〝偽造されたもの〟として、起訴されたのですが、ミシガン州でも同様の起訴がされています。

また、ジョージア州の州務長官らに選挙結果を覆すためになんとかするように唆《そそのか》したということも起訴内容に含まれています。

小見出しを「ゴミのような」としましたが、なぜかと言うと、これらは〝民主党が先にすでにやっていること〟だからです。

まず偽造選挙人票問題ですが、これは１９６０年大統領選挙に話は遡《さかのぼ》ります。当時、共和党候補はリチャード・ニクソン、民主党はジョン・Ｆ・ケネディでした。アメリカで最も有名な暗殺された大統領ＪＦＫです。

ハワイ州の選挙結果をめぐり、裁判が起こされていました。１９６０年11月８日、ケネディ勝利と報じられた後に、ニクソンが約１００票差で勝利したことが発表されました。集計に問題があった疑いがあり、再集計を求める裁判を民主党ケネディ陣営が起こしました。再集計は12月13日に始まりましたが、12月19日の選挙人票投票日に間に合いませんでした。

公式には共和党勝利ということでしたが、再集計の結果で民主党ケネディ勝利になってもいいように、民主党は独自で選挙人票の投票を実施、翌日にワシントンＤＣに送付しています。

12月30日、裁判所は再集計の結果を理由に、選挙結果を覆す判決を出しました。結果としてケネディ勝利だったのでよかったものの、12月19日時点では、共和党ニクソン勝利でした。つまり、今回の起訴の内容に沿って歴史を振り返ると、「正式な選挙人票は共和党ニクソン票」であり、「民主党側が作成したＪＦＫ勝利の選挙人票は〝偽造〟したもの」だったのです。

2020年選挙では、2021年2月を過ぎても裁判が続いていました。

つまり、偽造選挙人票とやらを作成したのは、民主党の人気大統領が〝先〟にやっていたことなのです。

また、ブラッド・ラフェンスパーガー州務長官らに、選挙結果を覆すように唆したという、とんでもない言いがかりですが、これも民主党が〝先〟にやったことをトランプ陣営は真似ただけです。

2000年大統領選挙は共和党ジョージ・W・ブッシュ、民主党アル・ゴアの争いでした。焦点となったのがフロリダ州の選挙結果。共和党ブッシュの勝利ということでしたが、民主党ゴア陣営は再集計を求めていました。

当時、民主党ゴア陣営の一員として活躍していた著名弁護士がアラン・ダーショウィッツです。トランプ前大統領の一度目の弾劾裁判の弁護をしたことでも有名な憲法学者。

ダーショウィッツは「2000年と2023年の違いは、大統領候補の名前がトランプかどうかなだけだ」と指摘しています。というのも、ダーショウィッツ本人が率先して再集計を求める裁判を担当し、他にも民主党ゴア陣営による〝偽造〟選挙人票の検討と立案、文書作成、再集計を求めるための州政府役人に対するロビー活動などが行われていたのです。「民主党アル・ゴア陣営として、トランプ陣営とまったく同じことをした。なぜ我々はいまだに捕まっていないのだ。答えは、名前がトランプではないからだ」と、皮肉めいていますが、事実を述べています。

このように、民主党がかつてやってきたことを共和党が真似したところ、司法を振りかざし、徹底的に弾圧しているのです。こんなもの、ゴミ以外なにものでもないでしょう。

ジョージア州の起訴ですが、厄介なことがあります。ジャック・スミスによる機密文書問題や2020年選挙関連で有罪になった場合でも、大統領になれさえすれば、自らを恩赦することで解決することができます。

ところが、ジョージア州の起訴は少し違います。連邦法違反ではなく、ジョージア州法に違反しているとして起訴されているのです。大統領の恩赦の対象は連邦法のみで、州法に基づく裁判結果を恩赦するのは、州知事の役割なのです。ジョージア州の州知事はブライアン・ケンプ。トランプ嫌いで有名な人物であり、恩赦するとは思えません。また、起訴されているフルトン郡は民主党支持者が集中しています。市民から選ばれる陪審員の中には、提示される証拠品・法的問題等など無視で、「トランプを刑務所に入れる」という、子どものような本当にくだらない感情だけで判断がくだされる可能性が高いです。今のアメリカは、地域によって政治的思想が強く反映される場所が増えていて、裁判制度が成立しておらず、特にトランプ派に対する裁判は単なる魔女狩り裁判に成り下がっています。

共和党候補のビベック・ラマスワミーの怪しさ

トランプ前大統領は、「副大統領候補は、大統領選挙に出馬している人の中から選ぶだろう」とインタビューで語っていて、共和党内の指名争いは、事実上の副大統領候補選びになっています（10月の演説で、撤回を示唆しています）。

憲法の規定上、仮にトランプ前大統領が勝利した場合、２０２８年大統領選挙に出馬することはできません。ですから、単なる副大統領選びではなく、２０２８年に繋がる後継者選びの意味合いもあります。

フロリダ州知事ロン・デサンティスは、中間選挙の大勝後に有力候補として名前があがりましたが、共和党の既得権益層が群がったことで、人々の心は離れていきました。デサンティス州知事が失速していく中、急伸したのがビベック・ラマスワミーでした。インド系アメリカ人で、38歳という若さです。ラッパーをしていたこともあり、勢いのある話し方に、引き込まれる人が多いのではないでしょうか。

それだけでなく、話している内容がトランプ前大統領と非常に近しいため、共感する人が多い。執筆段階で、世論調査によっては、支持率で常に２位だったデサンティス州知事を追い越しているものもあります。

私見ですが、ラマスワミーを信用することができません。理由は彼の直近の発言です。

①揺れるトランプ発言

彼の２０２２年に発刊された書籍“Nation of Victims”（犠牲者国家）という、左翼の“Victimhood”（犠牲者精神）を批判する書籍の中に、こんな一文があります。

「誰も不快な敗者を好きにならない」

この文章の真意をＭＳＮＢＣのインタビューで「これはトランプのことを言っているのか」と聞かれたラマスワミーは「ステイシー・エイブラムズ※とトランプの両方だ」と答えています。

［※ステイシー・エイブラムズ：２０１８年、２０２２年の民主党ジョージア州州知事候補の極左。敗北を認めず、「選挙は盗まれた」と主張している］

ところが、「Daily Wire」のインタビューでは、「トランプのことは言っておらず、ステイシー・エイブラムズのことを言っている」と答え、明らかに説明が一貫していません。小さいことかもしれませんが、ペンス前副大統領の豹変《ひょうへん》ぶりを目の当たりにした以上、警戒すべき発言ではないでしょうか。

②TikTokに関する発言と行動

若者を中心に人気のあるSNSの1つがTikTok。公然の事実として、中国共産党が関わる、国家安全保障リスクのあるSNSとして、各国で使用を規制する動きがあります。ラマスワミーもTikTokの脅威は理解しているようで、アイオワ州のタウンホールイベントで、「TikTokはデジタルフェンタニル」と、北米で問題になっているドラッグと同等のものであると言いました。ところが、そのたった5日後、TikTokのアカウントを開設し、若者向けのアピールに使うと発表したのです。

選挙戦略上必要なものかもしれませんが、言っていることとやっていることが合わないことに違和感があります。

③ポール・ソロスからのカネの嘘

2011年、ラマスワミーはPaul & Daisy Soros Fellowships for New Americansから、約9万ドルのの奨学金を受け取っています。

極左のドン、ジョージ・ソロスの兄ポール・ソロスの財団からの資金であるため、莫大な資金を武器に左翼活動を活発化させることでアメリカを壊し続けるソロスとの関係のある人物ではないかという疑いの声が出ました。

ラマスワミーは「24歳のことで、お金に困っていたので、受け取らないほうが馬鹿げている」と説明しています。確かにそのとおりだと思います。

しかし、ラマスワミー本人が公開している資産記録と説明は食い違います。2011年時点でヘッジファンドのアナリストとして約220万ドルもの収入があったのです。2008年～2010年までの3年間の収入も合わせて約110万ドルあり、お金に困っているとは言えない。

この件に関しては、「もらえるものはもらってしまおう」のような考えだったのかなと思いますので、そこまで気にする必要はないかもしれませんが。

ちなみに、2021年8月15日にTwitter（現X）にラマスワミーは「よく言った、ジョージ・ソロス」とソロスを賞賛する投稿をしていますが、ソロスが「ウォールストリートジャーナル」に寄稿した「習近平は世界の開かれた社会の中で最も危険な敵だ」という言葉を指していて、ソロスを信奉しているものではありません。

また、ラマスワミーは中国でビジネスをしていますが、パートナーが問題視されています。2017年、中国にバイオテック会社『Sinovant』の立ち上げで、中国国営企業『CITIC Group』の傘下企業の『CITIC PE』と提携しているのです。「『CITIC』

は中国で最大で最重要な中国共産党が支配する金融複合企業の1つ」と指摘されていて、『CITIC PE』の当時のトップは劉楽飛。

この劉楽飛ですが、なんと中国共産党ナンバー5の劉雲山の息子なのです。さらに、元最高検察院検察長の娘と結婚しているという、中国共産党どっぷり企業と提携をしていました。しかし、習近平の掲げる腐敗撲滅の一環で劉楽飛は失脚していて、ラマスワミーは中国ビジネスに手を出すリスクを身をもって知っていると言えます。だからこそ、ソロスの発言を賞賛したのではないでしょうか。


このように、選挙に向けた発言は素晴らしいものの、よく調べてみると気にかかる部分のある人物なのです。

個人的には、ラマスワミーより、ラリー・エルダーがいいのではないかと思っています。保守系ラジオホストとして有名で、カリフォルニア州のリコール州知事選挙で善戦した人物です。エルダーは民主党が武器にしている黒人ですので、民主党としても嫌な人物になるでしょう。

また、共和党大統領候補者討論会の参加を、共和党全国委員会から不自然な理由で却下されていて、トランプ前大統領と同じく、既得権益層が嫌う人物であるともいえます。

大統領選挙に出馬していませんが、サウスダコタ州知事クリスティ・ノームや、フロリダ州選出の若手黒人下院議員バイロン・ドナルズを有力視する声もあります。

他にも元国連大使で女性のニッキ・ヘイリー、サウスカロライナ州選出で黒人のティム・スコット上院議員も副大統領候補として名前があがっていましたが、どちらもウクライナ支援を徹底的にするべきと主張していて、候補から外れているのではないかと言われています。

選挙の構図を変えたロバート・F・ケネディJr.

民主党はバイデンが再選を目指し出馬宣言したことで、有力な候補は出馬できなくなりました。10月16日にネバダ州の選挙出馬申請締め切りを迎えたため、民主党はバイデンを勝たせるために全力を出してきます。

本気でアメリカの将来を憂いているのであれば、何を話しているのか分からない、何をしているのかも分からない、あまりにもコケまくるために大統領専用機エアフォース・ワンの階段を短くしてもらっている、もはや要介護者状態のバイデンを再選出馬させるわけがありませんので、正気の沙汰とは思えません。

バイデン以外に民主党から出馬宣言しているのは、ロバート・F・ケネディ・ジュニア（以下ケネディJr.）とマリアン・ウィリアムソンでしたが、10月9日にケネディJr.は無所属候補として立候補することを発表し、26日には若手民主党下院議員ディーン・フィリップスが「バイデンは高齢すぎる」として、出馬宣言をしています。ネバダ州の予備選挙立候補締め切りを過ぎていることを承知の上なので、民主党内のまとも層に相当の〝焦り〟があるように見受けられます。

ケネディJr.は、第35代大統領ジョン・F・ケネディの甥で、父は元司法長官のロバート・F・ケネディです。両者とも暗殺されていて、身の安全を心配する声もあり、9月15日に暗殺未遂事件が起きています。場所はカリフォルニア州ロサンゼルス、父が暗殺された地だったのです。

ケネディJr.が無所属で出馬することを決めた理由は民主党本部による選挙工作です。民主党候補として戦うには、あまりにも不公平な選挙戦になっていたのです。

ケネディJr.は〝従来どおり〟の選挙でしたら、民主党内で勝つ見込みが少しはありました。アメリカは党内の候補者を選ぶ予備選挙をまず行います。予備選挙は伝統的にアイオワ州とニューハンプシャー州から始まり、この初戦2州と、約3分の1の予備選挙日程が集中する「スーパーチューズデー」という3月1週目の火曜に勝つことが重要視されます。あのオバマも２００８年選挙は初戦２州を勝つまでは、ヒラリー・クリントンの後を追いかける展開になっていたのです。

初戦２州の結果次第で、その後の予備選挙の様相が変わる可能性があるのですが、民主党はこの選挙日程に手を加えています。選挙日程をバイデンが勝利する可能性が高いサウスカロライナ州、ネバダ州、ミシガン州という順番で始まるように日程を変更しています。２０２０年にバイデンはバーニー・サンダース候補にアイオワ州とニューハンプシャー州で敗れているのです。オバマ旋風の再来を警戒しているのでしょう。

２０２０年は大規模検閲と大規模郵送投票で不正に選挙結果を捻《ね》じ曲げ、２０２２年は投票機器が選挙日に一斉にポンコツ化し、投票機器を壊すことで選挙結果を捻じ曲げ、２０２４年はもはや選挙日程すら捻じ曲げています。アメリカで起きていることを日々追いかけ続けている人たちからすると、今のアメリカのエスカレートしていく異常性には恐怖を覚えます。

さて、ケネディJr.といえば「反ワクチン」や「陰謀論者」というレッテルを耳にすることが多いと思いますが、彼の主張はほとんどがトランプ前大統領と変わりません。バイデン民主党が引き起こしている不法移民問題や治安問題も厳しく批判し、ウクライナに対する無制限支援を止めることを訴えています。

一方で気がかりな点はいくつかあり、たとえば環境問題です。元々はグレタ・トゥーンベリと同列の過激な環境サイコパスでした。「気候変動を否定するソシオパスは牢屋にぶち込め」「化石燃料で暴利を得ている大企業は国家反逆罪だ」など、なかなか過激な環境ド左翼だったのです。現在は「気候変動は人々の権利を奪うのに使われている」と、真実に気づいているようですが、それでも10月9日の無所属立候補宣言で環境問題に触れていたため、今後の発言に注目したいです。

また、〝女性の権利〟という言葉で左翼の武器につかわれている中絶問題と、アファーマティブアクションという、大学の入学選考基準に人種を考慮し、結果として黒人やラテン系はハイレベルな大学に入学しやすく、勤勉なアジア系が最も難しくなるという、逆差別政策を支持している点は、民主党らしさを残していると言えます。アファーマティブアクションは連邦最高裁が2023年6月29日に違憲判決を出したことで話題になりました。

普段は、アジア系は白人様に虐げられているマイノリティの一員のはずが、勤勉すぎるが故、学業では差別を受けるという、なんともちぐはぐな政策ですが、こんなことを続けている限り、差別の連鎖が途絶えることはないでしょう。こういう点では、アメリカはいつまで経っても〝ダサい〟国だと思います。

話が逸れましたが、ケネディJr.の主張は多少の違いがあるにせよ、トランプ前大統領の主張と同じであり、共和党内の反トランプ票の受け皿になり得ます。同時に、民主党の反バイデン票の受け皿にもなり、無党派層の支持もある一定受けられるでしょう。

ケネディJr.陣営が無所属出馬を決断した背景にある世論調査がZogby Internationalの調査結果です。

「トランプ・バイデン・ケネディJr.の三つ巴の場合」の調査結果はトランプ38％、バイデン37％、ケネディJr.19％でした。まだケネディJr.の声が届いていない層がいることを考えると、十分射程圏内にいると判断したのです。

共和党コンサルタントのマーク・ウィーバーは「ケネディJr.よりも、コーネル・ウェストの存在が、バイデン民主党の脅威になる可能性がある」と指摘します。コーネル・ウェストは「緑の党」から出馬する黒人のド左翼環境活動家で、民主党左翼黒人票を持っていく可能性があるのです。

本書執筆時はまだ選挙まで1年あるためどうなるか分かりませんが、ケネディJr.の無所属で出馬する決断は、２０２４年選挙の構図を大きく変えることになりそうです。

ちなみに、「ケネディJr.がトランプ前大統領の副大統領候補として出てくるのではないか」と言う憶測がありますが、本人は否定していますし、無所属で出馬するということは、最後まで戦うことを意味しますから、現実的ではありません。２人の超党派タッグを見てみたいものですが。

２０２０年に揉み消された不正選挙捜査

多くの人が恐れているのが、２０２０年の再来でしょう。ポンコツ投票機器の疑惑もありますが、投票機器で不正をする場合に必須なのが、投票機器による不正を誤魔化すための大量の実物の不正票です。民主党は大規模な郵送投票を利用し、大量に〝票〟をかき集めています。共和党も同じ土俵に立ち、積極的に期日前投票・郵送投票を利用することを宣言していますが、非営利団体という名の民主党系団体をフル活用する民主党のほうが、組織力において一枚も二枚も上手でしょう。

私は投票機器の問題よりも、こちらのほうが問題だと考えています。

実際に２０２３年にミシガン州警察に対する情報公開請求で、ようやく日の目を見た選挙不正捜査がありますので、警察の捜査報告書をもとに紹介します。

捜査の始まりは２０２０年10月8日。黒人女性が８０００~１万人分の有権者登録用紙を、ミシガン州西部マスキーゴン市の選挙オフィスに持ち込みます。

アメリカでは、州ごとで有権者登録をしなければならないのですが、有権者登録の持ち込まれたマスキーゴン市の人口は約4万人。子どもの数を引けば、おそらく有権者人口は多く見積もっても3万人ほどでしょうか。そのうちの3分の1が、２０２０年になって初めて有権者登録をすると思いますか？

明らかに不審だったため、職員が持ち込まれた有権者登録用紙を確認してみたところ、多くの用紙の筆跡が同じ、住所が学校や交差点など滅茶苦茶、電話番号が不一致、署名が登録されているものと不一致など、明らかに偽造されたものでした。

10月16日、マスキーゴン警察に通報し捜査が始まります。

10月20日、有権者登録締め切り日だったこの日、またも同一の黒人女性が大量の有権者登録用紙を持ち込みます。今度は約２５００人分。あり得ません。

10月21日、マスキーゴン警察、ミシガン州警察、ミシガン州司法長官オフィスが合同で捜査チームを発足させます。ちなみに、ミシガン州司法長官は民主党です。つまり、民主党は捜査の存在を知っていたのです。

警察は大量の投票用紙を持ち込んだ黒人女性に事情聴取をしています。有権者訪問活動をしていると証言し、２０２０年8月から最大都市デトロイトを含む、ミシガン州6カ所で活動していて、週１１５０ドルの報酬で、スマホとレンタカー、宿泊施設が提供されていました。

事情聴取の最初、嘘の生年月日を伝えたり、最初は名前を出していたボス（上司）の名前を、途中から「誰がボスか知らない」に変えるなど、不審感がぷんぷんしていました。

雇用主はGBI Strategiesという民主党系団体。

警察はＧＰＳ情報を入手し、10月29日に事務所の家宅捜査を実施。大量のスマホやタブレット、ＰＣのような電子機器、大量のプリペイドカード、記入〝途中〟の有権者登録用紙、記入済みの有権者登録用紙にライフルや拳銃、サイレンサーが発見されています。

ホワイトボードには、24台のバンがミシガン州内5～6都市で活動していることが示されていました。

なぜ記入途中のものがあるのでしょうか。実際に複数回の有権者登録用紙を提出したことになっていた人々に事情聴取したところ、「1通だけ書いたが、署名はしなくていいと言われた」というような不可解な指示をされていたことが明らかになっています。

この捜査は２０２１年4月21日にＦＢＩに引き継がれましたが、その後の音沙汰はほとんどありません。つまり、捜査はＦＢＩにより揉み消されているのです。

民主党系団体GBI Strategiesはテネシー州が拠点で、代表のゲイリー・ベルは70の選挙関連団体、27州で活動していることが分かっています。

警察の報告書には、GBI Strategiesのカネの流れの調査もされています。

２０１８年に民主党のアラバマ州連邦上院議員候補ダグ・ジョーンズの選挙委員会から約１６０万ドル、New American Jobs Fundという民主党系団体から約65万ドル、民主党連邦上院議員選挙委員会から約19万ドルが支払われていました。

２０２０年には総額約４７０万ドルの資金を受け取り、すべて民主党系団体でした。民主党連邦上院議員選挙委員会からの約２１０万ドルが最大の資金提供元で、Biden for President、つまり、バイデンキャンペーンから45万ドルが支払われています。

重要なポイントとして、２０１８年の資金の流れは警察の報告書にまとめられていました。つまり、警察は大規模な有権者不正登録をすることによる、不正投票・不正郵送投票の下準備をしていたことを把握していただけでなく、それが民主党系団体により実行されていたことを知っていたのです。

マスキーゴン市のあるマスキーゴン郡は人口約17万人で、有権者人口は約13・６万人。２０２０年12月に有権者登録者数は約14・９万人というおかしなことになっていました。ところが、２０２１年５月には、約13・１万人と、約１・８万人の有権者登録が消えています。

また、大きな選挙のある年の平均的な有権者登録追加数は約１０００人程度ですが、２

020年選挙の追加登録者数は約1・8万人。あれ、2021年になった途端に減った数と同じのような……。

はいはい、どうせ陰謀論ですよ、どうせね。けっ（怒）。

というようなことがありましたが、まったく報道されていません。このような大規模選挙不正は氷山の一角でしょう。

2024年選挙でトランプが勝つ条件

本書を手にした方の多くが私と同じく、トランプ前大統領の勝利を願っていると思います。

トランプ前大統領が勝利するために必要な条件をいくつかあげてみます。

まずは、民主党候補をバイデンにすることです。今や民主党支持者の3人に2人はバイデン以外の候補者を望んでいます。これだけアメリカが滅茶苦茶になっていれば当然ですね。

2023年10月16日にネバダ州で立候補締め切りを迎えたので、バイデンが出馬辞退なり、暗殺なり、病死なり、事故死なり、とにかく消されていなければこの条件はクリアすることになります。

ここにケネディJr.が選挙戦撤退とともにトランプに投票するように呼びかけてくれればボーナスポイントでしたが、無所属で出馬することでボーナスはなくなりました。

２０２０年、２０２２年選挙で民主党の原動力になっていたのが大規模郵送投票です。郵送投票という仕組みは常に不正の温床と指摘されていたものですが、２０２０年選挙を境に「安心・安全・完璧」な投票方式ということにされています。これまで民主党の独壇場でしたが、共和党も今回は同じ土俵で戦うことを決めています。

トランプ前大統領は、「自分以外の候補者は全員立候補を取り下げ、選挙資金をすべて大規模郵送投票に投入すべきだ」と主張していますが、そのとおりだと思います。先述しましたが、民主党系団体は２０２０年、２０２２年と経験がありますし、ルール無用でやりたい放題できる無法者集団ですので、一枚も二枚も上手です。そのため、共和党は１つにまとまる必要があります。

従来の大規模な選挙ラリーを開催し、戸別訪問をし、〝有権者〟を集めるのではなく、〝投票用紙〟をかき集める必要があります。第１弾書籍でも言及しましたが、２０２０年から選挙の在り方が変わり、選挙は〝Vote〟から〝Ballot〟に変わっているのです。VoteもBallotも「票」という意味の英単語で同じですが、Voteは「投票すること」、つまり、有権者に政策や成果を訴え、投票所に足を運んでもらい、投票をしてもらうことを指します。これが現在ではBallot「投票用紙」を〝集める〟ことにシフトしているのです。2020年選挙、2022年選挙を振り返ってみてください。共和党は大規模な選挙ラリーを各地で開催していますが、民主党はそこまでやっていません。

彼らは見えないところで、スタッフを総動員して投票用紙をかき集めていたのです。資金の多くを期日前投票のキャンペーンに投入することで、効率よく投票用紙を集めているのです。慈善団体という名の左翼団体が協力しているため、表立って話題にはなりませんが、とてつもない組織力を見せているのです。また、2020年選挙では現場に民主党の工作員が紛れ込んでいましたが、このあたりの問題は第1弾書籍の第4章を参考にしてください。

間違いなく民主党は不正選挙を仕掛けてきます。その不正を上回ることができるかどうかは、どれだけのアメリカ人が正気を取り戻し、好き嫌いというくだらない感情ではなく、アメリカの未来を考えるか、世界の現状を見つめることができるかどうかにかかっています。

アメリカの命運と日本は一蓮托生の関係にあることを忘れてはなりません。

[著者略歴]

やまたつ

1991年生まれ。愛知県出身。カナダ・バンクーバー在住。2017年にカナダに渡り、極北地域のユーコン準州の日本人がひとりだけの小さい村で可愛い猫２匹と生活し、2019年に永住権を取得。日本メディアが伝えないニュースがあまりにも多いことに気づき、日本国民にとってマイナスだと考え、YouTube番組『カナダ人ニュース』を立ち上げ、情報発信を始める。現在登録者数16.5万人。著書に『左翼リベラルに破壊され続けるアメリカの現実』『北米からの警告―ジェンダー政策、緊急事態法が日本の未来を破壊する』（以上、徳間書店）がある。

YouTube：https://youtube.com/@canadiannews_yt

X：@debutanuki_yt

Substack：canadiannews.substack.com

緊急レポート！謀略と戦争を仕掛け、敗北するアメリカ

2023年12月８日　第１刷発行

著　者　やまたつ

発行者　唐津 隆

発行所　株式会社ビジネス社

〒162-0805　東京都新宿区矢来町114番地 神楽坂高橋ビル5階

電話　03(5227)1602　FAX　03(5227)1603

https://www.business-sha.co.jp

〈装幀〉中村聡

〈本文組版〉有限会社メディアネット

〈印刷・製本〉大日本印刷株式会社

〈編集協力〉佐藤春生

〈営業担当〉山口健志

〈編集担当〉中澤直樹

ISBN978-4-8284-2582-5

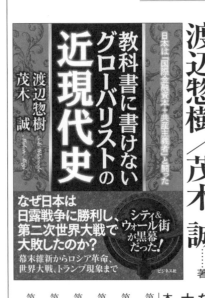